ミルトン・フリードマンの日本経済論

柿埜真吾
Kakino Shingo

PHP新書

JN150345

はじめに

ミルトン・フリードマン（Milton Friedman 1912-2006）は、20世紀を代表する経済学者である。フリードマンは自由市場経済の重要性を説いた経済思想家でもあり、英国のサッチャー政権や米国のレーガン政権の経済改革に大きな影響を与えたことで知られている。ソ連崩壊、東欧の民主化・市場経済化が進み、中国やインドも市場経済化を進める改革で経済成長を実現した20世紀後半から21世紀初めは、まさにフリードマンの時代といってよいだろう。

その死から今年で13年になるが、世界ではフリードマンの人気は依然として衰えていない。米国の経済学者への大規模なアンケート調査を行ったKlein et al.［2013］によれば、フリードマンは政治的立場を問わず高い人気を誇り、最も好きな20世紀の経済学者を問う投票では僅差でJ・M・ケインズに次ぐ第2位であった。

2017年はフリードマンのアメリカ経済学会会長講演から50周年を迎える年に当たっ

ていたが、『ジャーナル・オブ・エコノミック・パースペクティブ』誌の記念特集号には、米国を代表するマクロ経済学者グレッグ・マンキュー[1]やノーベル経済学賞受賞者のトーマス・サージェント[2]をはじめとする一流経済学者が論文を寄稿している。過去の経済学者の論文にこれほど注目が集まるのは珍しい。これは、マンキューとリカルド・レイスが述べるように、「フリードマンのアメリカ経済学会会長講演から50年が過ぎたが、驚くべきことに、そのテーマは今も景気循環理論と金融政策論の中心であり続けている」証拠だろう。[3]フリードマンの理論や政策提言は決して過去のものではなく、今も熱い注目を集めているのである。

フリードマンの影響は決して一部の「市場原理主義者」に限られるものではない。たとえば、『21世紀の資本』[4]で話題となったトマ・ピケティはフリードマンとは対照的な政治思想を持つが、フリードマンの研究を高く評価し、次のように述べている。

「ミルトン・フリードマンは単なるイデオローグではなかった。……その経済分析に同意するにせよしないにせよ、フリードマンが本物の研究者だったのは間違いない。……今日、1929年の危機と金融政策が果たした役割に関する論争は未だ決着がついていないが、フリードマンの業績を無視することは決してできない」[5]

米国の穏健リベラル派にとってフリードマンがどんな存在なのかを知るには、クリントン政権で財務長官を務めた経済学者ローレンス・サマーズの言葉を引くのが一番だろう。「進歩的な経済学者の家庭で育った私にとってミルトン・フリードマンは悪役だった。しかし、時がたち、……私はいやいやながら彼に敬意を払うようになり、それから彼と彼の思想に敬服するようになった」[6]

サマーズは「ケインズが20世紀前半の最も影響のある経済学者だったとすれば、ミルトン・フリードマンは20世紀後半の最も影響のある経済学者である」と言ってはばからない。学術の世界だけでなく、政策の場でもフリードマンの提唱した教育改革や貧困対策のアイデアは政治的党派を超えて真剣に検討されており、すでに実施している国もある。世界では、フリードマンの研究は今や経済学の共通の遺産となっているのである。

これに対して、日本では概してフリードマンへの関心は乏しく、２０１２年の『選択の自

1 Mankiw and Reis[2018]
2 Hall and Sargent[2018]
3 Mankiw and Reis[2018], p.92.
4 Piketty[2013]
5 Piketty[2012], pp.92, 94
6 Summers[2006]

由』の再版等のわずかな例外を除くと、フリードマンを再評価する目立った動きはほとんどない。日本ではしばしばフリードマンの思想を嫌うあまり、その業績を認めない風潮さえある。フリードマンに市場原理主義者、弱者切り捨てといったレッテルを張ったセンセーショナルな書籍は巷に溢れているが、田中秀臣《ひでとみ》［2006、2008］の優れた研究が指摘するように、その多くは事実誤認が少なくなく、信頼できないものばかりである。フリードマンが実際に何を言っていたのかは日本ではほとんど知られていないのが現状である。日本とは縁遠い米国の過去の経済学者だ、というのが一般的なイメージだろう。

だが、フリードマンと日本のつながりは意外に深い。ノーベル経済学賞受賞でフリードマンの業績が世界的に評価されるのに先駆け、1963年に初めてフリードマンに名誉博士号を贈った大学は立教大学である。1981年にはフリードマン夫妻の回想録出版に先立ち、フリードマン夫人の回想録（ローズ・フリードマン、1981）が日本語でのみ出版された。フリードマンの最後の論説は日本のバブル崩壊後の金融政策と1930年代、2000年代の米国の金融政策とを比較したものだった。

フリードマンは1960年代から折に触れて日本経済に関する論文を発表してきたが、その分析は日本経済への深い理解に裏打ちされたものである。たとえばフリードマンは、19

ミルトン・フリードマン（左）。隣はローズ・フリードマン夫人（2002年５月、写真提供：AFP＝時事）

７０年代には固定相場制崩壊が不可避であることを警告し、１９９０年代にはデフレ不況の到来を予測し、デフレ脱却には量的緩和が不可欠であることをいち早く指摘している。

高度成長期から１９９０年代以降のデフレ期まで、内外のエコノミストの日本経済への評価は極端な礼賛から極端な悲観論へと揺れ動いたが、フリードマンは「日本経済の成功は政官財が一体化した『日本株式会社』によるものだ」といったステレオタイプな日本経済特殊論を実証的に批判し、日本の戦後の高度成長期から１９９０年代半ば以降のデフレ期までの期間を一貫した統一的視点から的確に分析している。自由市場と安定した金融政策が日本の経済発展の鍵であり、１９９０年代以降の停滞の原因は金融政策の失敗によるデフレ不況にあるとするフリードマンの指摘には、今日でも学ぶべきところが少なくない。

ところが、フリードマンの日本経済分析については、それが存在することすら、世界の経済学者の間でも、分析対象になっている当の日本の経済学者や関係者の間でも、ほとんど知られていない。最近のフリードマンを評価した優れた研究としては、金融政策を中心にフリードマンの学説全般を扱った吉野正和［2009］、フリードマンの大恐慌研究を現代から評価した宮川重義［2014］、フリードマンを歴史的なコンテクストで評価した若田部昌澄［2012］などがあるが、これらの研究もフリードマンと日本の関係に焦点を当ててはいない。筆者が知る限り、フリードマンの日本経済研究を体系的に評価した研究はまだなされていない。

そこで、本書では金融政策を中心とする日本経済の諸問題とフリードマンの関わりを見ていくこととしたい。フリードマンの思想は誤解されがちだが、彼の分析は現代日本の様々な経済問題を解くための貴重な洞察に溢れている。本書が読者の日本経済への理解を深め、フリードマンの思想に関心を持つきっかけとなれば幸いである。

凡例

出典や専門的情報については脚注で触れているが、一般の読者は読み飛ばしていただいて差し支えない。

フリードマンが重視した貨幣量は、現金や普通預金に加えて定期預金等の広義の通貨を含むM2である（Friedman and Schwartz1963b）。M2はより狭義のM1等と比較して、重要な経済変数との関係が強いためである。本書ではとくに断りがない限り貨幣量とはM2を指す。なお日本では、貨幣量について、通貨量、マネーサプライ、マネーストック、通貨供給量、貨幣供給量等の呼び方があるが、すべて同じ意味である。本稿では基本的に貨幣量としたが、文脈や引用の都合等から不統一な個所がある。ご了承いただきたい。

また、Quantity Theory of Moneyは「貨幣数量説」と訳されることがあるが、若田部［2005］の指摘するように「貨幣数量理論」と訳すほうが正確であるため、本書では「貨幣数量理論」と訳すこととする。

引用文献は参考文献表に掲載し、引用する際には著者名［出版年］の形で略記している。同一年に複数出版物がある場合は、出版年の後にアルファベットを付けて区別した。引用は原則として拙訳を用い、邦訳がある場合でも必ずしもそれに従っていない。

ミルトン・フリードマンの日本経済論

目次

第1章　ミルトン・フリードマンの生涯

第2章　フリードマンの貨幣理論

第8章　日本の構造問題へのフリードマンの見解

第9章　量的緩和のための闘い

第1章

ミルトン・フリードマンの生涯[1]

「ミルトン・フリードマンの仕事を５０００字で描くなどというのは不可能な課題だ。それはまるでナイアガラの滝を小さな壺《つぼ》に入れようとするようなものだ」[2]

——ジョン・バートン

最初は保険数理士になるつもりだった

フリードマンの日本経済論について論じる前に、まず本書の主人公フリードマンとはどんな人物なのか、簡単に紹介しておこう。１９１２年7月31日、フリードマンはニューヨーク市ブルックリンで生まれた。父ジェイ・サウル・フリードマンと母サラ・エセル・ランドーはオーストリア・ハンガリー帝国東部カルパティア・ルテニア地方（現ウクライナ）出身のユダヤ系の移民だった。一家はフリードマンが1歳の時、ニューヨークから近郊のニュージャージー州のローウェーに引っ越し、そこで雑貨店を開いた。貧しいけれども温かい家庭だったという。父は仲買人の仕事で家を留守にすることが多く、店は母が切り盛りしていた。

幼い頃は神童というほどではなかったが、ローウェー高校に入ると、幾何学を教えてくれた先生の影響で数学が好きになり、優秀な成績で卒業した。１９２７年、間もなく16歳を迎えようとしていた頃、数年前から病気だった父が心臓発作で亡くなる。生活は厳しくなったが、家族は大学進学を当然のことと応援したという。奨学金を獲得して進学したラトガース大学では、得意な数学を活かして最初は保険数理士になるつもりだった。

しかし、たまたま取った授業で出会った2人の恩師がフリードマンの人生を変えた。その一人は景気循環理論の大家ウェズリー・ミッチェルの弟子、アーサー・バーンズである。バーンズは後に経済諮問委員会委員長やFRB（連邦準備制度理事会）議長等を歴任するが、当時はまだ博士論文執筆中のコロンビア大学の大学院生にすぎなかった。バーンズの『米国の生産の趨勢』をテキストにしたセミナーは厳しかったが、フリードマンは研究の基本を学んだ。授業外では、バーンズは親身で優しい最高の先生だった。15歳で父を亡くしたフリードマンにとってバーンズは父親のような存在だった。

ラトガース大のもう一人の恩師がホーマー・ジョーンズである。ジョーンズは後にセントルイス連邦準備銀行の調査部門を率いて、同行をFRB随一の優れた調査機関に育てた。当時、ジョーンズはシカゴ大学のフランク・ナイトの下で論文を書いていた大学院生で、保険

1　第1章の記述は、主にフリードマン夫妻の回想録：Friedman and Friedman[1998]、ノーベル賞受賞後のフリードマンの自伝：Friedman[1976/2006]、エーベンシュタイン［2008］を参考としている。

2　Burton[1981], p.53

論と統計学を教えていた。最初は保険数理士の勉強のつもりで授業に出たフリードマンも、次第に統計学の面白さに魅せられていった。

悪化する米国経済

1932年、卒業を控えたフリードマンは学問の世界で生きる決意をする。専攻を数学にするか経済学にするか、悩んだ末に複数の大学に願書を出すと、ブラウン大学（応用数学）とシカゴ大学（経済学）から授業料奨学金付の入学を認める通知をもらった。シカゴ大学の奨学金はジョーンズの推薦によるものだった。結局、フリードマンは経済学を選んだ。

「私がそうした選択をした理由は、経済学の知的な魅力のためだけではなかった。いや、それが主な理由だったとさえ言えないだろう……ホーマー・ジョーンズやアーサー・バーンズの影響は重要だったが、それだけでもなかった。少なくとも同じくらい重要だったのは時代の影響だ。……米国は史上最悪の恐慌のどん底にあった。当時最も重要な問題は経済学の問題だった。どうやって恐慌から抜け出せばよいのか？　失業を減らすにはどうすればよいのか？……（中略）……この状況では、経済学者になる方が応用数学者や保険数理士になるよりも当時の緊急の問題に関わることができると思えたのだ」[3]

フリードマンがラトガース大学に進学した1928年秋には、好景気に沸いていた米国経済だったが、1929年末には大恐慌が始まり、米国経済の状況は日に日に悪化していった。フリードマンがシカゴ大学に入学した1932年は最悪で、フリードマン自身もアルバイトをなかなか見つけられず、一時家族に資金援助を頼まなければならなかった。

生活は苦しかったが、シカゴ大学での大学生活は知的刺激に満ちたものだった。当時のシカゴ大学は、フランク・ナイトとジェイコブ・ヴァイナー、ロイド・ミンツ、ヘンリー・サイモンズをはじめ全米最高の経済学者が集っていた。シカゴ大学の特徴は、経済学を現実の経済分析に積極的に利用し、政策提言に生かす姿勢だった。多くの経済学者が恐慌を避けられない出来事と見なすなか、ヴァイナーらは政府の無策を批判し、金融財政政策による不況克服を訴えていた。[4]

フリードマンはナイトやヴァイナーから大きな影響を受けたが、何よりも重要だったのは優秀な同級生との熱い議論だったという。フリードマンは大学院時代に多くの友人に恵まれたが、彼が最愛の人ローズ・ディレクターに巡り合ったのも大学院だった。ヴァイナー教授

3 Friedman and Friedman[1998], pp.33-34
4 Friedman and Friedman[1998], pp.40-41

の授業「経済学301」では座席表はアルファベット順で、フリードマンの席はたまたま彼女の隣だった。「シャイで、内気で、愛らしく、とても頭がよい同級生」[5]にフリードマンは一目ぼれした。ローズは学問の世界でもフリードマンの最良のパートナーとなり、二人は生涯にわたり深い愛情で結ばれていた。

反ユダヤ主義が吹き荒れる

1933年、シカゴで修士号を取ったフリードマンはコロンビア大学に移り、統計学のハロルド・ホテリング、景気循環論のウェズリー・ミッチェルから実証分析の手法を学んだ。

翌年にシカゴに戻ったフリードマンは、ヘンリー・シュルツ教授の助手を務めながら就職先を探した。当時、ユダヤ系の学者の就職事情は決して明るくなかった。ナチスへの共感を隠さない米国人もまだ珍しくなく、反ユダヤ主義が吹き荒れる大学での就職は難しかったのである。[6]少し後（1940年）、ポール・サミュエルソンも反ユダヤ主義が強かったハーバード大学への就職を断念している。

幸い、一足先に就職した友人アレン・ウォリスの紹介で、フリードマンは全米資源委員会に採用された（1935年）。フリードマンの仕事は家計調査の統計的問題の解決だった。この経験は後の『消費関数の理論』でも役立った。１９３７年にはコロンビア大の恩師ミッチェルが設立した全米経済研究所（ＮＢＥＲ）に招かれ、安定した生活を手に入れたフリードマンは翌年、ローズと結婚する。フリードマン夫妻はジャネット（１９４３年。後に弁護士となる）、デイヴィッド（１９４５年。後に経済学者となる）の２人の子供に恵まれた。

１９４０年にはウィスコンシン大学への就職が決まるが、翌年には学内の派閥抗争と反ユダヤ主義のために辞職を余儀なくされてしまう。[7] 学生たちはフリードマンに対する不当な扱いに抗議してデモを起こしたが、そのなかには後の経済諮問委員会委員長ウォルター・ヘラーもいた。ヘラーとフリードマンはしばしば政治的意見の対立はあったが、生涯親しい友人であり続けた。

米国が第二次世界大戦に参戦すると、フリードマンは財務省の所得税改革やインフレ対策

5 Friedman[1976/2006]

6 Friedman and Friedman[1998], p.58. 当時の大学の多くは、ユダヤ人の学生の入学を制限していた。中でも医大では参入制限で既得権を守ろうとした医師会の主導の下、厳しい差別が行われていた（Bloomgarden 1953, Halperin 2001）。

7 Friedman and Friedman[1998], pp.94, 100-101

を立案、ホテリングやウォリスと統計的分析で連合軍のナチスとの闘いを側面支援した。

この頃までフリードマンは主に統計学で知られていたが、戦後は研究の中心を経済に移し、人権や自由についても積極的に発言するようになる。大恐慌は市場経済の失敗とされた当時、市場への信頼は地に落ちていたが、フリードマンは自由市場を擁護する論陣を張った。

住宅不足の真の原因は家賃統制だ

1945年、フリードマンは、NBERからサイモン・クズネッツとの共著『独立専門職の所得』を出版し、コロンビア大学の博士号を取得する。この研究には、人的資本や一時的所得と恒常所得の区別等、後の『消費関数の理論』で発展させられた仮説の萌芽が見られる。外国人医師の差別や医大の学生数制限を批判した部分は医師会を擁護する人々の批判を浴び、出版は難航したが、彼らの研究はその後の労働経済学の発展のきっかけとなった。今日の研究から見ても、彼らの分析は驚くほど正確である。[8] これはフリードマンの既得権との最初の戦いだった。

この年、フリードマンはシカゴ時代の友人ジョージ・スティグラーの紹介でミネソタ大学に赴任した。スティグラーと共著の家賃統制反対の論説（Friedman and Stigler 1946）は、家賃統制は住宅不足を招き、貧しい人々を傷つける上に非効率だと論じ、大論争を巻き起こした。当時、多くの人々は、住宅不足は人口に比べ住宅の数が少なすぎるためで、家賃統制とは無関係だと信じていたが、フリードマンたちは、家賃統制がなかった1906年のサンフランシスコ地震の際には、住宅がはるかに少なかったにもかかわらず、貧しい人々も住宅を手に入れることができたことを指摘し、住宅不足の真の原因は家賃統制だと主張した。家賃統制で家賃が低い水準に人為的に抑えこまれると、家主にとって家を貸すのは不利になるので、借家の供給は減少するが、家賃の低下で借家需要はむしろ増加し、住宅不足が深刻になる。

住宅不足の下では、家主は好みの借家人を選別できるため、マイノリティーの借家人や貧困層は偏見や差別の犠牲になりやすい。家賃統制は家賃を抑え、貧しい人々の生活を助けることを意図しているが、実際は住宅不足をもたらし、貧しい人々の住宅を奪ってしまう。

8 Friedman and Friedman[1998], pp.72, 74-75. たとえば、参入制限による所得引き上げ効果をFriedman and Kuznets[1946]は約17％と推定したが、２０１０年代の様々な研究は参入制限の効果を15-18％と推定している(Kleiner 2016)。

彼らの主張はリベラル派の反発を招いただけでなく、所有権の神聖さを振りかざす保守派とも異質だった。出版社から書き直すよう圧力がかけられたが、2人は屈しなかった。[9]

事実から自由市場の有効性を明らかに

フリードマンの考え方は論説「実証経済学の方法論」(Friedman 1953b)によく表れているが、イデオロギーではなく事実から自由市場の有効性を明らかにすることを重視する。家賃統制が住宅不足を招く経済的メカニズムを理解すれば、貧しい人から賃貸住宅を奪うことになる家賃統制に、どんな価値観の持ち主であれ反対するであろう。価値観の対立はあっても、人々は事実の問題では合意できる。価値をめぐる争いではなく、事実に基づく合意を目指すのが彼のスタイルだった。

フリードマンの思想はしばしばオーストリアの自由主義経済学者フリードリヒ・ハイエクと比較されるが、実証分析の意義に否定的だったハイエクとフリードマンには大きな違いがある。たしかに、ハイエクの『隷従への道』(Hayek 1944)をフリードマンは高く評価していた。1947年にはナイト、スティグラー、義兄のアーロン・ディレクター(『隷従への道』の出版に尽力した経済学者)とともにスイスを訪問し、ハイエクと自由主義者の親睦団体であるモンペルラン協会を立ち上げる等、大きな影響を受けてはいる。とはいえ、後述するように、フリードマンはハイエクの実証研究を軽視した景気循環論や経済学方法論を明確に拒否しており（本書152ページ参照）、両者の隔たりは一見するよりもはるかに大きい。

ケインズ経済学に代わる新しい理論を促す

1946年、フリードマンはヴァイナーの後任としてシカゴ大学に移る。これ以降、1977年の退職まで、フリードマンの指導の下、シカゴ学派は黄金時代を迎えた。ゲイリー・ベッカー、ロバート・ルーカス、ジェームズ・ヘックマン、ロバート・フォーゲルらノーベル経済学賞経済学者をはじめ、フリードマンの薫陶を受けた経済学者は数知れず、多くが今も第一線で活躍している。フリードマンの授業は厳しかったが、学生は彼の知性と温かい人柄に惹かれ、教室はつねに満員になった。

シカゴ大学教授に就任した頃から、フリードマンは次々と革新的な論説を発表する。1957年の『消費関数の理論』（Friedman 1957）は、ローズ夫人とその友人ドロシー・ブレイ

9 Friedman and Friedman[1998], pp.150-151,621

ディ、マーガレット・リードとの協力から生まれた研究成果で、人々の消費水準が現在の所得ではなく、将来得られると予想される平均的な所得（恒常所得）に依存することを明らかにした代表的業績である。恒常所得仮説は「豊かな社会では消費不足が起きやすく、政府介入が不可欠だ」とする長期停滞論や、ケインジアンの財政政策の前提である財政乗数の安定性を否定し、ケインズ経済学に代わる新たな理論の誕生を促すきっかけとなった。

マネタリスト・フリードマンの誕生

この頃、NBER調査局長になったバーンズの誘いで、フリードマンは貨幣が景気変動に果たす役割の研究を始めている。フリードマンはシカゴ大学ワークショップでも貨幣の研究を始め、その成果は1956年の論文集にまとめられた（Friedman ed. 1956）。NBERの優れた経済史家アンナ・シュウォーツとの共同研究の成果は『合衆国の貨幣の歴史1867-1960』（Friedman and Schwartz 1963）に結実する。第2章で述べるが、この研究は大恐慌を自由市場の失敗とする通説を覆し、自由主義復権に大きな力となった。これらの研究成果を受けて、フリードマンは、次第にケインズ経済学で考えられていたよりも貨幣、金融政策の役割は重要だという確信を強めていく。マネタリスト・フリードマンの誕生である。

経済的自由は政治的自由の必要条件である

１９６０年代になると、フリードマンはローズ夫人の勧めもあり、一般向けの経済学の啓蒙や政策提言に努めるようになる。１９６２年には『資本主義と自由』（Friedman 1962）を発表し、経済的自由と政治的自由には密接な結びつきがあり、社会の進歩のためにも計画経済ではなく、市場経済が不可欠だと訴えた。移動の自由や職業選択の自由といった経済的自由はそれ自体が重要な権利であるだけでなく、政治的自由の十分条件ではないにせよ、必要条件である。経済的自由がない社会では、政府に反対する活動は物理的に不可能である。極端な場合、政府がすべての生産手段を所有し、経済活動を計画する社会では、政府批判者はどんな仕事にも就けず、思想を宣伝することもできないだろう。

これはまさに最近ベネズエラで起きたことである。ベネズエラでは自由な輸入を認めず、政府が輸入品目を決めているが、この権限は言論弾圧の強力な手段である。批判的な新聞には紙の輸入許可が下りないため、反体制派の新聞は廃刊せざるを得なくなっている。多くの新聞は政府関係者に買収され、反体制派に言論の自由はほとんど残されていない（「混迷ベネズエラ 上」『毎日新聞』２０１７年6月14日朝刊）。「21世紀の社会主義」を掲げて民主的に

図1　ベネズエラの政治的自由と経済的自由

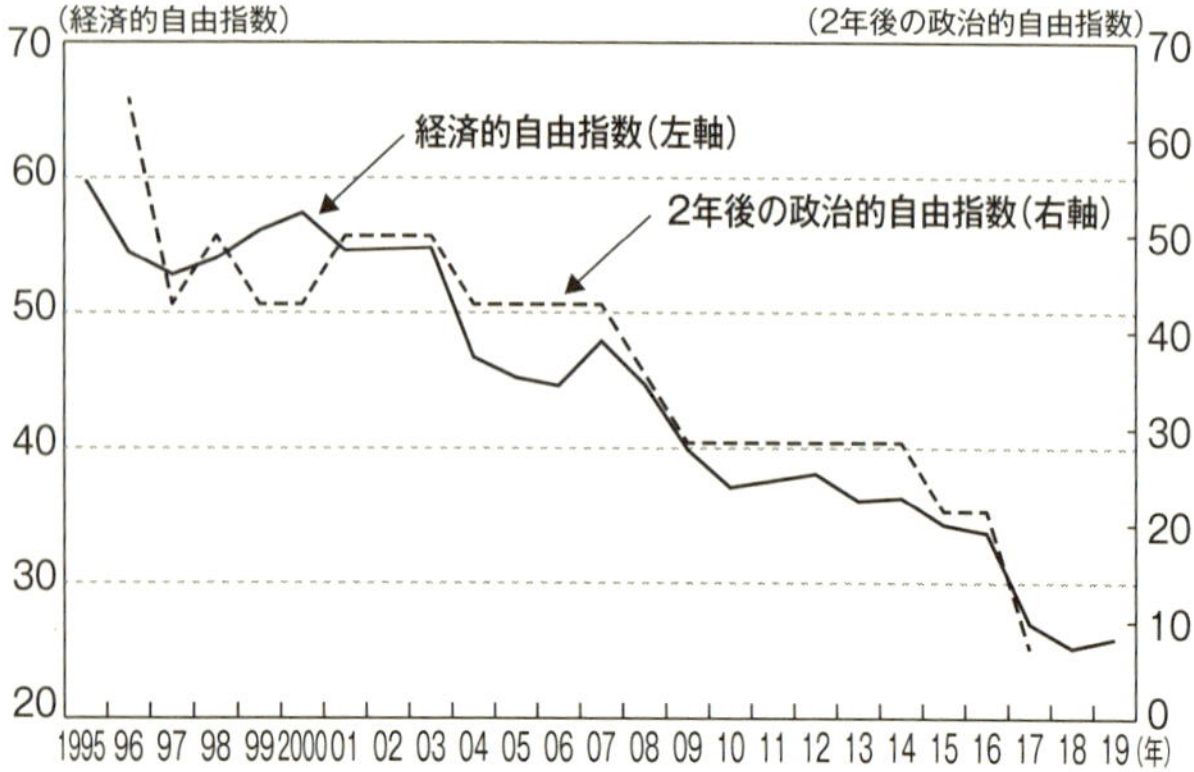

出所：経済的自由指数はHeritage Foundation, Index of Economic Freedom（https://www.heritage.org/index/）。この指数は、100=自由、0=不自由を取る指数である。政治的自由指数は100=自由、0=不自由となるように、Freedom House Freedom in the World（https://freedomhouse.org/report-types/freedom-world）のFreedom Ratingを加工して作成。具体的には（1 - 原数値/7）×100として指数に変換した。

注：政治的自由指数のデータは当該年の2年後の指数をとっている。興味深いことに、経済的自由指数が低下すると、その2年後に政治的自由指数が大きく低下するという関係があることがわかる。

政権に就いたチャベス大統領は知識人から絶賛されたが、フリードマンの洞察が正しかったことは今や明白だろう。チャベスとその後継者マドゥロ大統領の下で社会主義化が進むと、ベネズエラの政治的自由は急速に失われていった【図1】。これは決して偶然ではないのである。

知識人の攻撃の的に

フリードマンの政治的自由と経済的自由の関係に関する仮説はLawson and Clark [2010] 等の後の研究でも裏付けられており、『資本主義と自由』は現代の古典と見なされている。

ところが、当時は主要な雑誌からは完全に無視され、知識人からは嘲笑を浴びる有り様だった。この時代にはサミュエルソンのような経済学者でさえ、「ソ連は……社会主義計画経済が機能し、繁栄することさえできることの証明である」[10]と確信していた（サミュエルソンはこの記述を1989年になってもまだ撤回しようとしなかった）。彼らは社会主義が破綻しているとは夢にも思わなかったのである。

フリードマンに反発したのはリベラル派ばかりではない。『資本主義と自由』のなかで、フリードマンはリベラル派のケネディ大統領を批判する一方、保守派が進めた赤狩り（共産主義者の言論の自由の弾圧、特定職業からの追放）にも容赦ない批判を浴びせた。当時はリベラル、保守を問わず大多数が支持していた徴兵制についても、廃止を提言している。『資本主義と自由』は時代のはるか先を行っていた。

この頃から自由市場経済派の代表と見なされるようになったフリードマンは、ゴールドウォーター（1964）、ニクソン（1968）、レーガン（1980）といった大統領候補の政

10 Samuelson and Nordhaus[1989], p.837

治家からも経済政策の助言を求められるようになる。実際にはその助言は滅多に採用されず、フリードマン自身も政策提言には二次的な価値しか置いていなかった。彼の活動の中心はつねに研究だった。フリードマンは1950年代から様々な外国首脳にも助言してきたが、大部分は為替、インフレ問題等に関する技術的なものである。しかし、自由市場を重視したフリードマンの政策提言は知識人にはつねに疑いの目で見られ、攻撃の的になった。とくに1975年、ピノチェト将軍独裁下のチリを訪問し、インフレ対策について助言したことはその後、「フリードマンはピノチェトの顧問」等の事実に反する誤解と非難を招いた。

毛沢東思想を絶賛した経済学者たち

たしかにチリ訪問は軽率だったかもしれないが、インフレに関してフリードマンはまったく同じ助言を中国やソ連にもしている。そもそもフリードマンのチリ滞在は6日間に過ぎず、滞在中もその後も何度も独裁を非難する発言をしている。たとえば、1975年の講演では「独裁政権下に置かれた社会であり、そこでは我々の考えるような自由は完全に否定されています」と明確に述べている。[11] チリの独裁とフリードマンがことさらに結びつけられたのは、フリードマンをスキャンダルで葬り去る政治的意図があったとしか言いようがないだろう。

同時期にジョーン・ロビンソンは北朝鮮経済を「奇跡」と絶賛し、ケネス・ガルブレイスも「〔毛沢東の〕中国が非常に効果的な経済システムを作り上げたことに疑いの余地は全くないだろう」と述べている。宇沢弘文も毛沢東思想を絶賛し、中国では「毛沢東の『人民のために』という意識が広く一般に拡がっている」と人民公社を讃えていた。[12] 彼らは当時の北朝鮮や中国で起きていた虐殺や過酷な人権弾圧には何一つ言及していない。奇妙なことに、フリードマンを全面否定する知識人の間では、こうした経済学者の言動はまったく批判されないばかりか、むしろ極端に高く評価されている。これらの学者たちとは違い、フリードマンは決して独裁を肯定することはなかったし、一貫して独裁国家の人権弾圧を憂慮していた。

フリードマンの助言を無視したニクソン

知識人に冷遇されながらも、フリードマンの評価は経済学者の間ではようやく高まりつつ

11 西山編［１９７９］１５１頁。Friedman and Friedman[1998],pp.397-402, 591-602, エーベンシュタイン［２００８］２４４-２４７頁も参照。

12 Robinson[1965], Galbraith[1972], 宇沢［１９７８］２９６、３０１頁を参照。

あった。1967年のアメリカ経済学会会長に選出され、会長講演ではインフレと失業のトレードオフという通念を批判、スタグフレーションの危険を警告した[13]。この予測はやがて的中したが、当時はまだ荒野に叫ぶ声にすぎなかった。

1968年、恩師バーンズの誘いでフリードマンはニクソン大統領の経済アドバイザーに加わった。翌年、志願兵制検討委員会の委員に任命されたフリードマンは徴兵制廃止という重要な改革を実現する。当初、委員会のメンバー15名中、志願兵制賛成派はわずか5名だったが、最終報告書は全会一致で徴兵制廃止を提言した。若者の職業選択の自由を奪い、適性のない学生を無理やり採用する徴兵制はきわめて非効率だというフリードマンの議論に最後は全員が説得されたのである。

だが、肝心な経済政策では、ニクソンはフリードマンの助言を無視し、固定相場制放棄を決断できず、結局、2年後に必要に迫られて変動相場制を採用するという失敗を犯す。ニクソンとバーンズは物価統制とインフレ的金融政策を支持し、フリードマンを失望させた。フリードマンの警告通り、この政策は深刻なスタグフレーションをもたらしてしまった[14]。

ノーベル経済学賞受賞とテレビシリーズの大反響

皮肉と言えば皮肉だが、歴代政権が彼の助言を無視したことで、米国経済はフリードマンの警告通りの展開を辿り、彼の名声はいよいよ高まった。１９７６年、フリードマンはついにノーベル経済学賞を受賞する。受賞記念講演は、経済学がイデオロギーではなく、客観的科学であることを訴えるものだった。受賞はサミュエルソン等のライバルからも温かい祝福を受けた。[15] フリードマンの意見はかつて異端にすぎなかったが、今や正しかったことが広く認められていた。１９７７年、シカゴ大を引退したフリードマンはカリフォルニア州に引っ越し、フーバー研究所研究員に就任する。研究三昧でのんびり余生を過ごすつもりだった。

しかし、一通の電話がフリードマンの人生を再び大きく変えた。フリードマンの経済思想をテレビ番組にしたいというロバート・チッテスターからの依頼だった。『選択の自由』と題するテレビシリーズはＰＢＳから１９８０年に放映され、大反響を巻き起こした。番組と同時発売のローズ夫人との共著『選択の自由』も大ベストセラーとなった。『資本主義と自由』のときとは打って変わって、メディアは『選択の自由』をこぞって好意的に取り上げ

13 Friedman[1968]
14 Friedman and Friedman[1998], pp.379-381
15 Samuelson[1983], pp.130-132, Johnson[1976], p.95

た。大きな政府、物価統制、一向に収まらないインフレに国民はうんざりしていたのである。

1980年の大統領選では、小さな政府を唱えるレーガン大統領がカーターに圧勝した。『選択の自由』の中でフリードマン夫妻が宣言したように、今や「流れは変わり始めた」のである。レーガン政権は物価統制を撤廃、大胆な規制改革を推進し、小さな政府の流れは世界中に広まった。共産圏の非効率と腐敗ぶりはもはや誰の目にも明らかだった。共産圏の反体制派活動家の座右の書は、フリードマン夫妻の『選択の自由』だった。計画経済は完全に破綻し、自由を求める人々を前に、もはや情報統制は機能しなかった。1989年、遂にベルリンの壁が崩壊し、共産党独裁は終焉を迎えた。

全体主義者が恐れた思想

東欧民主化後に活躍した政治家には、フリードマンの影響を受けた政治家が少なくない。たとえば、エストニア初の民主的選挙で選ばれたマルト・ラール元首相は大胆な自由化政策で奇跡の高度成長を実現した立役者だが、フリードマンについて次のように語っている。

「私が最初にミルトン・フリードマンの名を知ったのは、ソ連時代の只中だ。新聞かプロパガンダ雑誌だったと思うが、ミルトン・フリードマンとかいう極悪人の危険な西側の経済学者について読んだ。当時、私はフリードマンの思想を何も知らなかったが、共産主義者にとってそんなに危険な人物なら、彼はいい奴に違いないと確信したものだ。

……『選択の自由』という書名を見た時のことを思い出すが、『自由』も『選択』も共産主義者には全然考えられないと思った。……彼の著作で最も印象的だったのは、自由と普通の人々への彼の信頼だった。……経済の奇跡を成し遂げるのは政府ではなく、人々なのだ」[16]

フリードマンの思想、それはまさしく全体主義者が最も恐れた思想だったといえるだろう。フリードマンの影響は中国にも及んだ。1980年、訪中したフリードマンは中国に市場経済を活用した経済発展の必要性を助言する。その後の中国が改革開放路線で急速な経済成長を遂げたのは周知の通りである。1988年に再度訪中したフリードマンは趙紫陽共産党総書記と会談、インフレ対策と経済改革の進め方に助言を与えた。趙紫陽は改革派の急先鋒で、フリードマンを尊敬していた。それから間もなく、趙紫陽は民主化を求める学生の弾圧に反対して失脚し、幽閉されてしまったが、天安門事件での趙紫陽の英雄的行動は今も語

16 Cato Institute[2006]

り継がれている。フリードマンは趙紫陽を高く評価し、彼の失脚後も中国の民主化の行方に強い関心を持ち続けた。[17]

バウチャー制度とベーシックインカムの先駆け

２００６年11月16日の死に至るまで、晩年もフリードマンの活動はほとんど衰えを見せなかった。フリードマンはローズ夫人と共著の回想録『幸運な二人』（Friedman and Friedman 1998）を執筆しながら、金融政策、医療等について積極的発言を続けた。上流階級の家庭で育ったケインズ、ハイエク等とは違って、貧しい移民の子として育ったフリードマンの経歴は知識人としては異色である。フリードマンは、特別な家に生まれたわけでもない自分が成長できたのは幸運な偶然のおかげだと回想している。

こうした認識はフリードマンが貧困層に常に強い関心を寄せたことを説明するかもしれない。晩年のフリードマンがとりわけ力を入れたのは教育問題だった。フリードマン夫妻は１９９６年には私財を投じて幼児教育の教育バウチャー制度を実現するためのフリードマン財団（現Ed Choice財団）を設立している。教育バウチャー制度とは、子供を持つ保護者に教育バウチャー（公立、私立を問わず使用できる学校教育の利用券）を支給し、自由な学校選択ができるようにする制度である。[18] 保護者は希望する学校にバウチャーを提出し、政府はバウチャーの量に応じて学校に運営費を支給する。この制度では、学校に補助金を支給する代わりに、保護者に補助金を出すため、バウチャーを獲得しようとする学校間の競争を促し、教育の質を改善し、貧困層の学校選択の機会を拡大できる。フリードマンは、米国の格差問題の原因が貧困層に十分な教育を提供できない劣悪な教育制度にあると考えていた。

日本では、フリードマンは弱者切り捨ての代名詞のように言われがちだが、現在、教育バウチャーは、スウェーデンやオランダ等のリベラルな国々で導入されている。こうした事実は、通俗的理解がいかに浅はかであるかを物語るものである。

今話題のベーシックインカム（政府が必要最低限の所得額を国民に給付する制度）も、じつはかつてフリードマンが提唱した画期的な貧困対策、負の所得税[19]を発展させたものである。従来の生活保護制度は、受給者が働くと、その分給付額が減らされてしまうため、受給者の就労を妨げてしまう欠点がある。いったん生活保護受給者になると、その状態から抜け出す

17 Friedman and Friedman[1998], pp.543-545
18 Friedman[1962], chapter VI
19 Friedman[1962], pp.191-194.

のは困難になりがちである（この現象を貧困の罠と呼ぶ）。フリードマンは受給者自身の稼ぐ所得が増えるにつれて、収入も増えていく仕組みを導入すれば、貧困層の生活を助け、自立を支援できるはずだと考えた。

負の所得税制度の下では、所得が基礎控除額を上回るときは従来と同じように税金を払うが、所得が基礎控除額を下回るときは負の所得税を払う（＝補助金を受け取る）ことができる。たとえば、基礎控除が１００万円、負の所得税率が50％だとしよう。所得がゼロの時、課税所得はマイナス１００万円なので（基礎控除額を１００万円下回る）、１００×50％＝50万円が支給され、収入は50万円になる。新しい仕事を見つけ、30万円の所得を得るようになったとすると、課税所得は30万－１００万＝マイナス70万円になり、70×50％＝35万円が支給され、収入は65万円になり、働かない場合よりも収入が増えていく。収入が１００万円を超えれば、今度は税金を支払うことになる。

負の所得税は、通常の所得税制度と一体で運用されるため、生活保護者に対する差別や屈辱感等の問題も起きにくく、受給者の尊厳を守ることができる。米国や英国等多くの先進国で実施されている給付付き税額控除は、所得税額から税額控除を差し引き、控除額が上回る場合は補助金を支給する仕組みで、ワーキングプア対策として注目されている。これは勤労者のみを給付対象とする点で違いがあるが、負の所得税とほぼ同じものである。給付付き税額控除はすでにＯＥＣＤのほとんどの国で導入されており、ベーシックインカムの導入もオランダやフィンランド、スイス等の福祉を重視する国々を中心に検討が始まっている。[20] イデオロギーにかかわらず、フリードマンのアイデアは今では世界中で受け入れられている。

20　ベーシックインカムについて詳しく知りたい読者には、原田［２０１５］をお勧めする。

第2章 フリードマンの貨幣理論

「貨幣理論は日本庭園のようなものである。それは多様性から生まれる美的統一性をもっている。……どちらもたくさんの異なった観点から吟味し、落ち着きを払い、徹底的に研究した時だけ、十分に評価することができるものである。どちらも全体から独立して楽しめる要素をもつが、それらを完全に理解できるのは全体の部分として見たときだけである」[1]

――ミルトン・フリードマン

フリードマンの大恐慌研究

貨幣理論におけるフリードマンの業績は貨幣が所得、物価に対して与える影響を理論的、実証的に明らかにしたことである。彼の学説はマネタリズムとして知られているが、日本ではマネタリズムは不人気で、もはや過去の学説とする見方も少なくない。だが、こうした見方に対してBernanke[2003]は次のように述べている。

「フリードマンの貨幣理論は非常に影響が大きく、少なくともその要点に関しては、現代の金融理論や実務と殆ど同じものになっている。……彼の著作を今日読むときに犯しやすい最悪の誤りは、彼のアイデアの独創性、彼がそれらを述べたとき支配的だった見方に対し革命的な性格のものだったことを理解し損なうことなのである」[2]

図2　大恐慌期の米国の短期金利、GDP、物価水準(1925-1940年)

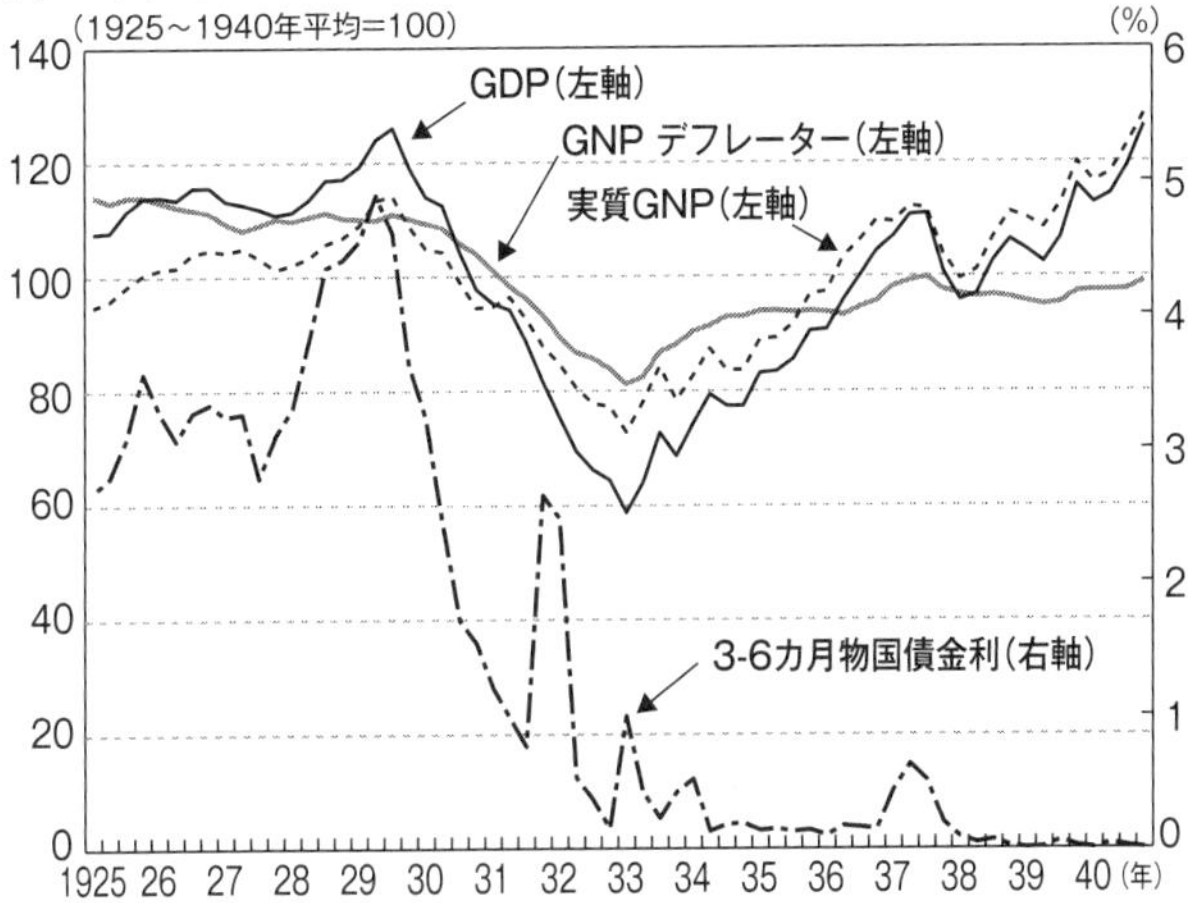

出所：Federal Reserve Bank of St. Louis, Balke and Gordon[1986]

フリードマンが貨幣の分析に取り組み始めた当時、支配的だったのは「貨幣は重要ではない」とするケインジアンの見方である。

大恐慌期の短期利子率は大幅に低下したが、1929年から1933年初めまでの〝超低金利政策〟は恐慌を全く防げなかったため【図2】、多くの経済学者が貨幣は「二次的な要因」[3]で、金融政策は「一般に全く効果的でないだろう」[4]と考えるようになっていた。

ケインジアンによれば、「貨幣量の変化の有効需要への主要な効果は貨幣量の利子率への影響を通じたもの」[5]で、貨幣の役割はほとんど名目利子率の決定だけである。

しかも、名目利子率は投資に弱い影響しか

与えないので、「現代経済では利子率はあまり重要な変数ではない」[6]。長期債券利子率が低い状況では、貨幣をいくら増やしても長期利子率は低下せず、経済に全く影響を与えないとされ、こうした現象は流動性の罠と呼ばれた。大恐慌はまさに流動性の罠の好例だったと考えられていた[7]。

また物価は賃金等のコストで決まり、「インフレは実物的現象で、貨幣的現象ではない」[8]から、有効なインフレ対策は金融政策ではなく、物価・賃金統制だという見方が支配的だった[9]。金融政策は景気にも物価にも無力とされていたのである。

こうした知的状況を変えたのはまさしくフリードマンの理論的・実証的研究にほかならない。とりわけ金融政策の復権に決定的役割を果たしたのは、Friedman and Schwartz [1963b] による大恐慌の再検討である。

Friedman and Schwartz [1963b] は、米国の100年近い歴史から様々な事例の研究と統計的分析で貨幣量の変動が「長く、変動しがちなラグ」を伴いながらも、景気と物価の変動に大きな影響を与えていることを実証している。金融政策無効論の根拠とされてきた大恐慌に関しても、彼らの分析は、従来の常識とは全く異なる実態を浮かび上がらせた。

当時のＦＲＢ自身も多くの経済学者も低い名目利子率に欺かれて、金融政策は十分緩和的だと確信していたが、実際には、１９２９－１９３３年の間、銀行取り付けを放置したＦＲＢの失敗で、貨幣量はなんと３分の１も減少していた【図３】。当時のＦＲＢは内部の権力闘争や金融政策への理解の欠如から、金融危機のさなか、異例の緊縮的金融政策をとり続けていた。大恐慌は金融政策の無力の証どころか、その重要性の悲劇的な証明だったのである。

1 Friedman[1969], p.v.
2 Bernanke[2003], p.208
3 Lintner[1947], p.507
4 Klein[1952], p.172
5 Keynes[1936], p.298
6 Klein[1952],p.117. しかし、小宮・岩田［１９７３］73-78頁が指摘する通り、厳密には企業の設備投資に影響するのは資本コストであり、利子率はその代理変数にすぎず、投資の利子非弾力性自体は金融政策の無効性の証拠にはならない。
7 Keynes[1936], p.207
8 Robinson[1962], p.120
9 インフレ対策として賃金物価統制を唱えたケインジアンとしては、Klein[1952], Samuelson[1983], Modigliani[1978], Tobin[1972]等を挙げることができる。

図3　大恐慌期の米国の貨幣量、GNP、物価水準（1925-1940年）

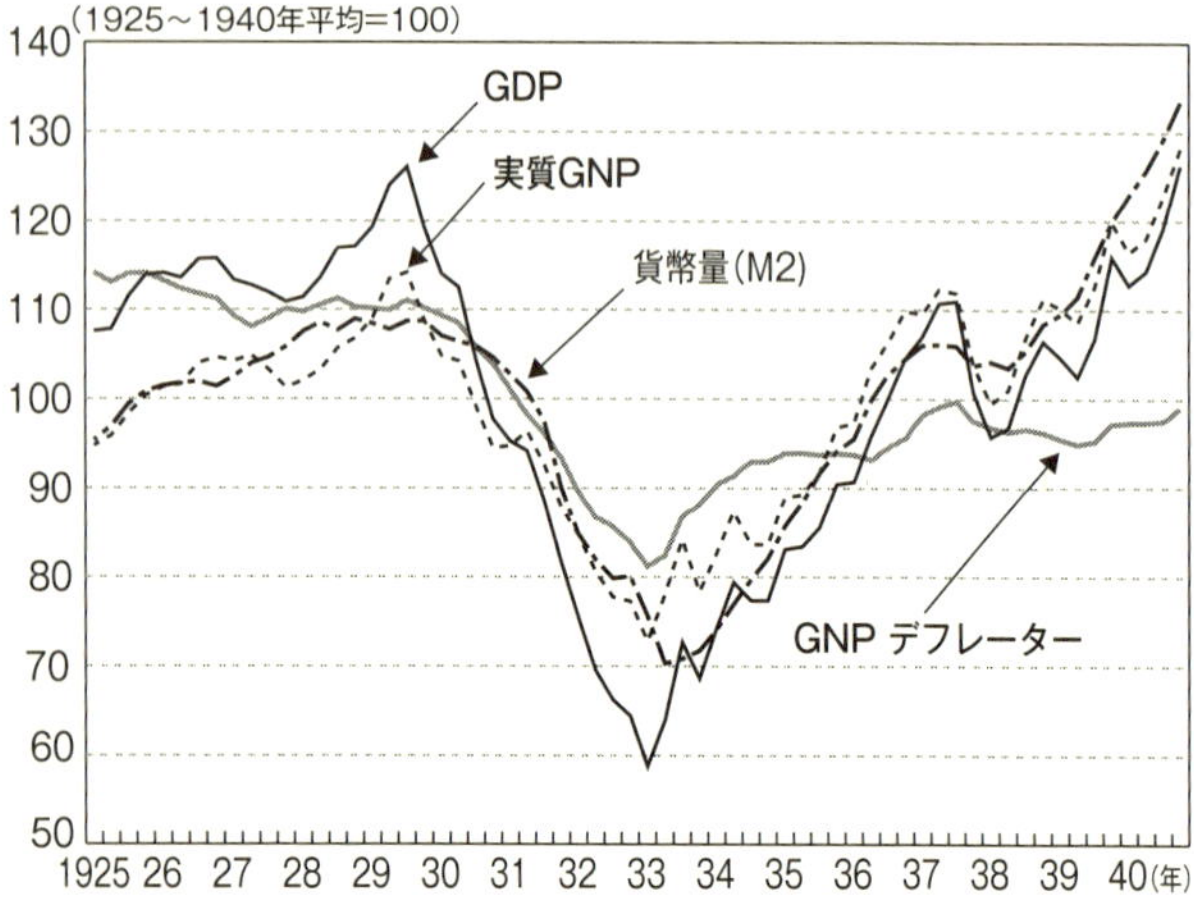

出所：Federal Reserve Bank of St. Louis, Balke and Gordon[1986]

大恐慌下、金融引き締めにもかかわらず、名目利子率が下落したことは、金融緩和を低金利と同一視する見方の誤りを物語るものである。経済的な意思決定にとって重要なのは予想実質利子率である。大恐慌で実際に起きたように、金融引き締めによりデフレが発生すると、名目利子率は低くても予想実質利子率はきわめて高くなりうる。

ケインジアンはしばしば低い名目利子率を金融緩和と同一視していたが、これはきわめて危険な誤りである。貨幣量の変化は予想インフレ率を同方向に変化させるため、名目利子率は金融引き締めの結果、最終的には低下する。「経験上、低い〔名目〕利子率は――貨幣が緩やかに成長したという意味で――そ

図4　大恐慌期の米国の各種金利の推移(1925-1940年)

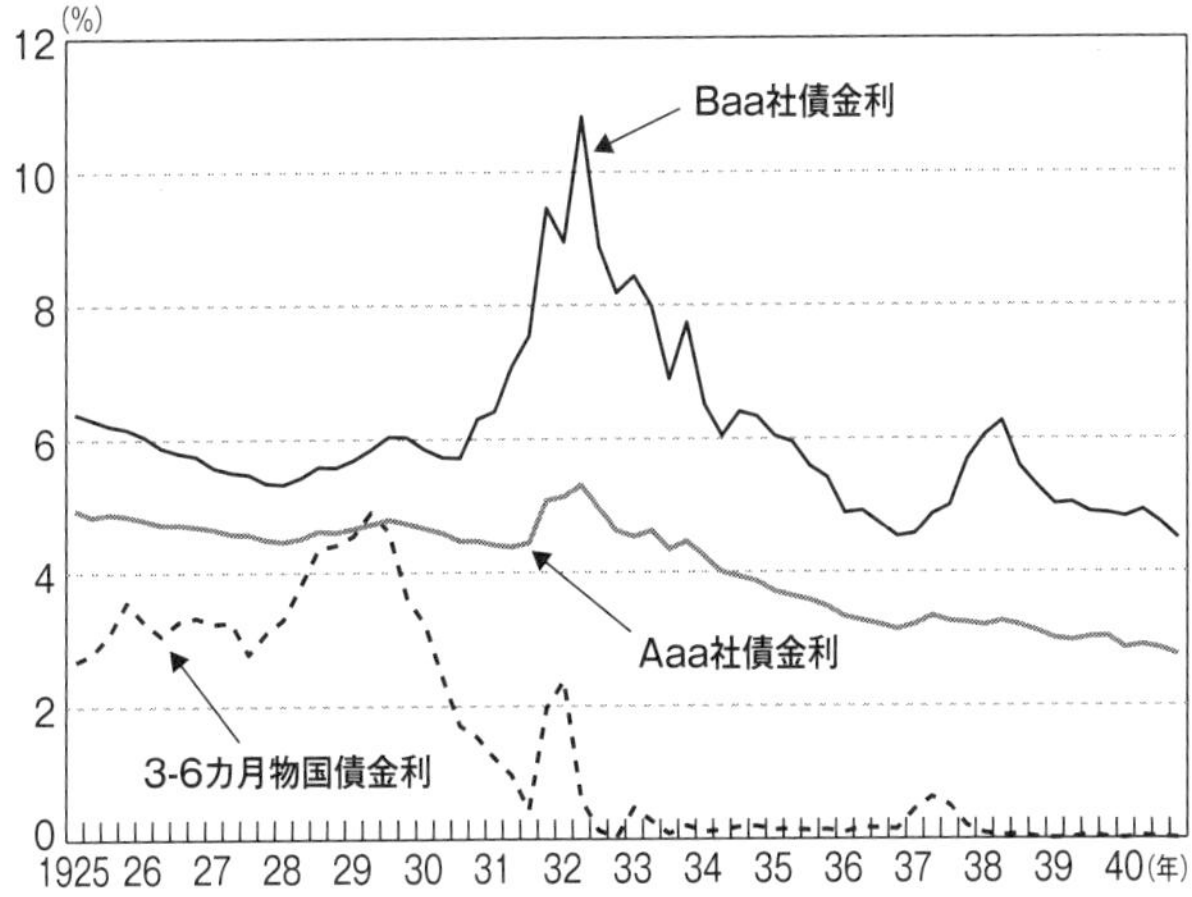

出所：Federal Reserve Bank of St. Louis.

れまでの金融政策が緊縮的だった証であり、高い利子率は――貨幣が急速に成長したという意味で――金融政策が緩和的だった証である」[10]。実際、大恐慌期の低い名目利子率はデフレ政策の結果だった。

また、Temin［1976］等のケインジアンの大恐慌の分析はもっぱら安全資産の短期利子率を見ていたが、名目利子率といっても「唯一つの利子率」（"the" rate of interest）があるわけではない。大恐慌の下でリスクの高い社債等の名目利子率は急上昇していた【図4】。単純なケインジアンの想定に反して、貨幣の力は特定の名目利子率だけでは捉えきれないのである。

貨幣数量理論の復活

そこでフリードマンが着目したのは、かつてフィッシャーやシカゴ大学の経済学者の提唱した貨幣数量理論の伝統である。フリードマンは貨幣と名目所得の関係を実証しただけでなく、その背後の人々の資産選択行動を示すことで貨幣数量理論を現代に蘇らせた。

貨幣数量理論によれば、名目所得を変動させるのは貨幣需要と貨幣供給の不一致である。現代では、貨幣供給は究極的に中央銀行によって決定されるが、貨幣需要を決めるのは、様々な資産の収益を比較しながら自らの選好や将来の予想に基づいてポートフォリオの構成を調整する個人や企業の選択である。貨幣需要は代替的な資産の収益率と富の関数であり、名目所得の変動の原因は主として貨幣供給側の変動に求められる。

中央銀行が買いオペでハイパワード・マネー（マネタリー・ベースともいう。中央銀行の供給する貨幣〈現金＋金融機関の中央銀行準備預金〉の合計を指す）を増やすと、中央銀行に債券を売った売り手のバランスシートは貨幣が一時的に他の資産に比べて多すぎる不均衡状態になる。[11] 個々の経済主体の場合、現実の貨幣残高が所望貨幣残高を超えるときは資産を購入して現実の貨幣残高を望ましい水準に減らすことができる。だが、経済全体の貨幣供給は中央銀行によって決定される。ある人の支払は別の人の受取であり、人々が全体として需要する貨幣残高を減らすことはできない。経済全体の貨幣供給が貨幣需要を超える場合、余分な貨幣残高を処分しようとする人々の行動は貨幣と代替的な様々な資産の需要の増加、資産価格の上昇を引き起こすことになる。債券の売り手はポートフォリオの調整を試み、貨幣と代替的な様々な資産の価格をせり上げるだろう。その対象は株式や不動産、耐久消費財等にも及び、債券に限られない。

資産市場と財・サービス市場を峻別するケインジアンとは対照的に、フリードマンは貨幣の代替財として債券から耐久消費財までを連続的に捉える。貨幣は債券だけでなく株式や不動産、耐久消費財を含む様々な資産の代替財であり、貨幣需要はそれらの資産の収益率（株式収益率や財・サービスの収益率〈予想インフレ率〉）に依存する。[12] したがって、貨幣量の増加は、金融資産の収益率の変化を通じて間接的に支出を増加させるだけでなく、財・サービス

10 Friedman[1968], p.7
11 金融政策の波及メカニズムの説明はFriedman[1961], pp.462-463, Friedman and Meiselman[1963], pp.217-222, Friedman and Schwartz[1963a], pp.229-334等を参照。
12 Friedman[1956], pp.7-8,9,14

との代替を通じて支出を直接的に引き上げる効果をもつのである。

当初のハイパワード・マネー拡大は、金融機関の信用創造でその何倍もの貨幣量の増加をもたらし、次第に様々な資産価格へと影響を拡大していく。資産価格上昇は投資コストの低下や資産効果による消費の増加を通じて、名目所得の増加を引き起こすのである。

短期的には、価格の硬直性や金融政策の変更に対する人々の予想の変化の遅れ等から貨幣量の変動は名目所得だけでなく、実質GDP成長率や失業率等の実質変数にも強い影響を与える。Friedman and Schwartz [1963a,b] は、米国の過去の景気変動を分析し、その多くが不安定な貨幣量の変動の産物だったことを実証的に明らかにした。彼らの研究以来、単純な金融政策無効論は影を潜め、今では大多数の経済学者が金融政策と景気変動の密接な関係を認めている。[13]

依然として貨幣は重要な役割を果たしている

ケインジアンによって忘れ去られていたインフレと貨幣の関係を実証し、金融政策の物価に対する責任を明らかにしたこともフリードマンの業績である。貨幣量の変動は実質GDP成長率や失業率等の実質変数に強い影響を与えるが、この関係は飽くまで短期的である。実質変数は長期的には、規制や市場慣行等、経済の効率性に左右され、継続的に極端なデフレやハイパーインフレを起こす場合等の例外を除き、金融政策とは独立である。[14] 潜在成長率を上回る速さで貨幣を増やし続ければ、多すぎる貨幣が少なすぎる物を追いかけることになり、やがてインフレが発生する。その意味で、「インフレーションはいつでも、どこでも貨幣的な現象である」。[15]

１９６０年代には短期と長期、実質と名目を区別するこうしたアプローチはきわめて斬新だった。当時、インフレ率と失業率の負の相関関係（フィリップス曲線）は、「様々な失業と物価安定の間の選択肢のメニュー」[16] を表すとされ、政府はインフレと失業の組み合わせを自由に選ぶことができると想定されていた。

実際、ケネディ政権の４％以下の失業率目標は１９５０年代のフィリップス曲線に基づい

13 Romer and Romer[1989, 2013a,b], Bernanke[2003]
14 Friedman[1968], フリードマン［１９７４］５頁
15 Friedman[1970], p.24
16 Samuelson and Solow[1960], p.192

て決定されたものだった。ケネディ政権のスタッフとして失業率目標策定に関わったトービンは、「4％という数字はフィリップス曲線を考慮して選ばれた。具体的には1950年代半ばの4％の失業を伴う4％のインフレを考慮した」[17]と述べている。

これに対し、フリードマンはインフレと失業のトレードオフは幻想であり、予想インフレ率が実際のインフレ率に一致するまでの過渡的な現象にすぎないと議論した。長期的な失業率は、実物的要因で決まる自然失業率に一致するのである。

当初、フリードマンの主張は異端的だったが、1970年代には過度な金融緩和でインフレが激化するなか、失業率も上昇するスタグフレーションが発生し、フィリップス曲線は崩壊した。サミュエルソンやトービン、モディリアーニ[18]をはじめ、当時のケインジアンはインフレの原因を供給ショックや「労働組合のリーダーたちの驚くべき愚かさ」[19]といった非貨幣的要因に求め、所得政策や賃金統制を要求した。インフレの非貨幣的説明や賃金・物価統制の要求は左派ケインジアンに限られたものではなく、当時は非常に一般的だったのである。[20]

だが、こうした非貨幣的な対策はことごとく失敗に終わり、マネタリズムは勢いを増した。事実、1980年代末までに先進国の金融政策が物価安定重視に転換されると、フリードマンの予測通り、どの国でも大インフレは終わりを告げた。

１９８０年代後半からは金融技術革新の進展等もあり、貨幣と物価や名目所得の短期的な関係は若干弱まったが、長期的には依然として貨幣はきわめて重要な役割を果たしている。**図5**、**図6**はそれぞれＯＥＣＤ諸国の貨幣と物価、名目所得の長期的関係（１９９８―２０１８）を示したものだが、これらの変数間には現在でも密接な関係が存在していることがわかる。

今日ではインフレーションが貨幣的現象であることは大多数のケインジアンにも認められており、名目利子率と実質利子率の区別、自然失業率の概念、金融政策における予想の重要性といったマネタリズムの主要命題もマクロ経済学の基礎にしっかりと組み込まれている。[21]

現代のマクロ経済学の主流派であるニュー・ケインジアンは、金融政策が短期的には景

17 Tobin[1972], pp.16-17, 邦訳、25頁
18 Samuelson[1983], Modigliani[1978], Tobin[1972]
19 Kahn[1976], p.4
20 当時のケインジアンの主張についてはNelson and Schwartz[2008]を参照。
21 Delong[2000], Bernanke[2003], 若田部［２００５］、Nelson and Schwartz[2008]

図5　OECD諸国の貨幣量と名目GDPの関係（1998-2018年）

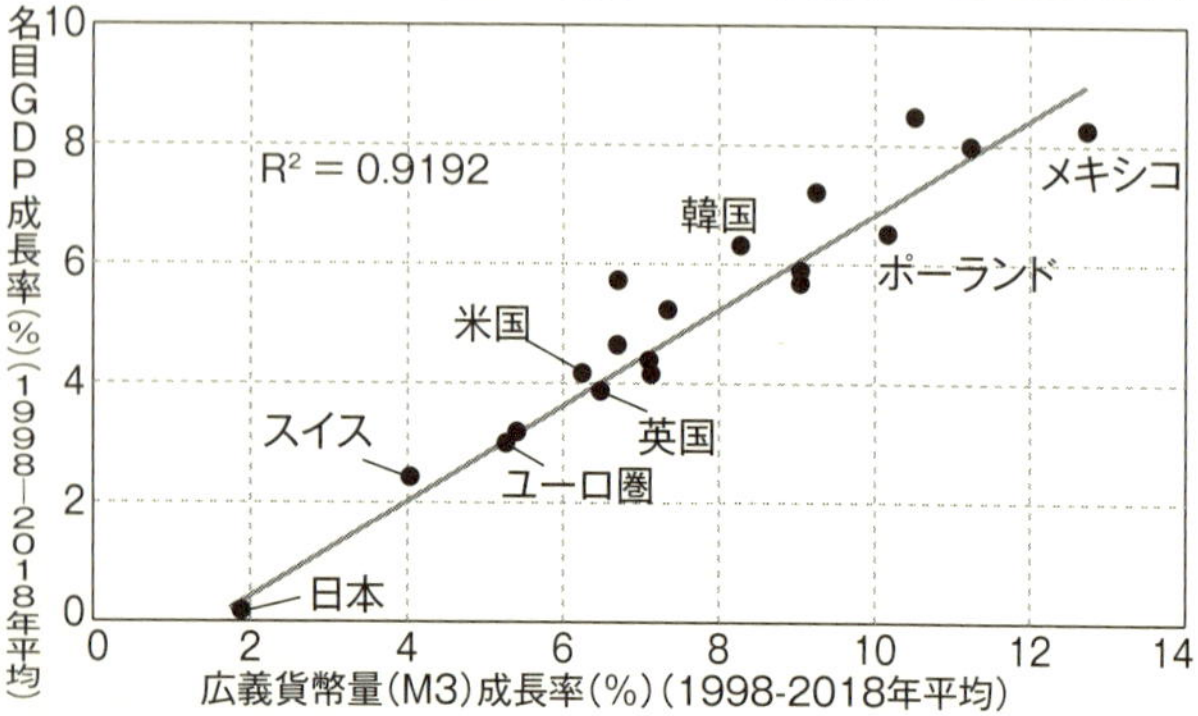

出所：OECD

注：データの存在するOECD諸国(オーストラリア、カナダ、チリ、チェコ、デンマーク、ハンガリー、アイスランド、イスラエル、日本、韓国、メキシコ、ニュージーランド、ノルウェー、ポーランド、スウェーデン、スイス、トルコ、英国、米国、ユーロ圏)のうち、外れ値であるトルコを除いたデータを使用。トルコを含めた場合、決定係数は0.9783である。M3以外のユーロ圏のデータはバルト三国を含まないデータで代用したが、バルト三国の経済規模はきわめて小さく、影響は軽微である。

図6　OECD諸国の貨幣量と物価の関係（1998-2018年）

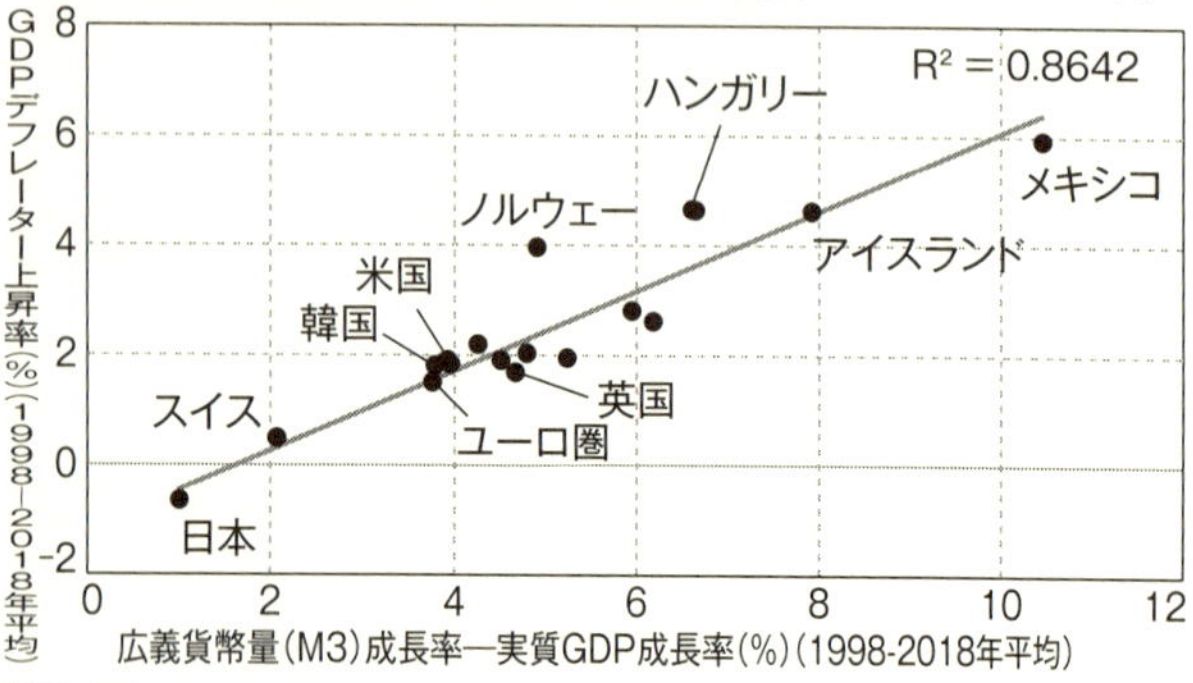

出所：OECD

注：データの存在するOECD諸国（図５に同じ）のうち、外れ値であるトルコを除いたデータを使用。トルコを含めた場合、決定係数は0.9702である。M3以外のユーロ圏のデータはバルト３国を含まないデータで代用した。

気、長期的には物価に影響することを承認し、中央銀行の物価安定への責任、変動相場制の有効性等のフリードマンの主張の多くを受け入れている。これらはまさに、かつてケインジアンとの論争でフリードマンが提唱していた命題である。実際、Mankiw and Romer［1991］は「ニュー・ケインジアン経済学の殆どは、ニュー・マネタリスト経済学と呼ぶこともできるだろう」と述べているほどである。ニュー・ケインジアンはマネタリズムの遺産の上に成り立っていると言えるだろう。その意味では、今や誰もがフリードマン派であると言っても過言ではない。

ルールに基づく金融政策――フリードマンの先見性

旧来のケインジアンがもっぱら短期の観点で金融政策を理解したのに対し、フリードマンは金融政策を、人々の経済活動を安定させる仕組みという、より広い枠組みでとらえていた。中央銀行の裁量的政策をよしとする風潮のなか、フリードマンは金融政策ルールの必要性を訴えた。

大恐慌の教訓はルールに縛られず、民主的統制も不十分な人々が独断で政策を決める危険性を明らかにしている。一握りの人間が人々の生活に重大な影響を与える決定を下す体制の実績は総裁個人の力量に左右される不安定なものである。言ってみれば、「金融政策は中央銀行に任せるには重大すぎる」のである。[22]「『安定的で、健全な、予測可能な金融政策』を達成するには、たんに権力者にそうすべきだと説教する以上のことをしなければならない」。[23]
明確なルールを定めれば、中央銀行に説明責任を課し、金融政策の大きな誤りを防止することが可能になるだけでなく、「……このルールの存在が人々の態度や信念、予想に対して好ましい効果を与える。このような効果はたとえ様々な場面で〔ルールがある場合と〕全く同じ政策が裁量的に採用されたとしても得られないものである」。[24]
インフレ率や消費といった変数は、人々の将来への予想から大きな影響を受ける。効果的な金融政策は、その時々に特定の政策を実施するかどうかだけでなく、一連の政策を実施する上で信頼できるルールが確立されているかどうかにかかっている。中央銀行の個々の政策判断が適切でも、それが一過性のものと判断されれば、人々のインフレ予想を変えることができず、政策の有効性は大きく減殺されてしまう。金融政策のルール化は人々のインフレ予想を安定させ、経済変動を減らす点で裁量より優れているのである。
こうした洞察は、経済政策の効果が政策レジーム〔政策決定のルール〕の違いにより大きく異なるという政策レジームの考え方の先駆と言えよう。ハイパーインフレやデフレを終息させるには一過性の政策ではなく、人々の予想を転換させる政策レジームの転換が必要であることが指摘されてきた。[25] 1998年から15年も続いた日本のデフレは現在ほぼ終息したが、これは安達［2014］等が指摘するように、2013年以降の2％インフレ目標採用と大胆な金融緩和という政策レジームの登場でデフレ予想が払拭されたことによる部分が大きいといえるだろう。

近年では動学的非整合性（事前的に望ましい行動が事後的には望ましくなくなる性質）のある政策について研究が進み、多くの経済学者は、中央銀行が裁量的行動をとる権限を放棄することを信頼できる形で約束（コミットメント）し、穏やかなルールに従う金融政策を取ることが望ましいと考えている。

22 Friedman[1962],p.51
23 Friedman and Friedman[1984], pp.98-99
24 Friedman[1962], p.53
25 Sargent[1982], Temin and Wigmore[1990], 岩田編［2004］、Romer[2011]

マネタリズムの理論とk%ルールの関係

では、具体的にどのようなルールが望ましいのか。フリードマンは試行錯誤を続けたが、最も有名なのはk%ルールである。[26] k%ルールとは、貨幣量を毎年一定のスピード（k%）で増やし続けるルールである。フリードマンは、中央銀行がその時々の経済状況に合わせて裁量的政策を実施するよりも貨幣量をつねに一定のスピードで増やすほうが結果的には経済を安定させる、と議論した。k%ルールはマネタリズムの政策提言として1980年代頃まで大きな注目を集めた。

だが、k%ルールの名声はある意味で不幸なものだった。k%ルールとマネタリズムを同一視する誤解を招いたからである。日本では、マネタリズムの評価はきわめて低く、貨幣と物価は一対一で対応しないからマネタリズムは崩壊した、見捨てられた過去の学説といった誤解が広く見られるが、マネタリズムが否定的にとらえられる大きな理由は、マネタリストの政策提言であるk%ルールが、現在ではどの中央銀行でも放棄されているという点にあるだろう。1980年代の英米の中央銀行のマネタリーターゲットの失敗は、マネタリズムの破綻と見なされている。

事実、多くの経済学者はマネタリズムをk％ルールと同一視している。たとえば、竹森［２００７］は、「マネーサプライの成長率にルールを設け、それを忠実に実行すべきだ。この政策方針が『マネタリズム』である」[27]と述べ、マネタリズムに対してきわめて否定的な判断を下している。竹森氏は失われた20年の日銀のデフレ政策を早くから批判していた優れた経済学者であるだけに、このような誤解はきわめて残念である。

こうした判断は、マネタリストの理論と政策、中央銀行のレトリックと実際の行動を混同したものである。[28] k％ルールは、マネタリズムの理論的命題ではなく、あくまで便宜的な政策提言である。Friedman［1984］が明言するように、「歴史的には、マネタリストの政策は、ゆるやかで安定した貨幣量の成長率という特定の処方箋と結び付けられてきた。〔しかし、〕これはマネタリスト理論の必然的な含意ではない」のである。

実際、k％ルールを提案する前に、Friedman［1948］は完全雇用時の財政収支を均衡させ、景気に応じて貨幣量を増減させるより複雑なルールを提案している。のちに、この提案は複

26 詳しくはFriedman[1960a, 1962]を参照。
27 竹森［２００７］１０８頁
28 Friedman[1983a], p.1

雑すぎるとして放棄されたが、k％ルールもあくまで暫定的な提言とされていた。

フリードマンが究極的な目標としたのは、物価安定をもたらすルールである。あえて貨幣量を目標とした政策を唱えたのは、金融政策に対する「知識の限界」を考慮すれば、物価安定を直接中央銀行の目標とするのは困難と判断したためにすぎない。フリードマンは金融政策と物価の関係に関する知識が進歩すれば、将来は物価を直接目標とした政策が可能になる可能性を否定しなかった[29]。

「マネーサプライを一定のスピードで増やすルールについて、理論的に言うべきことは殆どない。このルールを支持する理由は、たんに実際にそれがうまくいくと考えられるからだ。マネーサプライの成長率を他の要因を相殺するように変化させるべきだということには説得的な理論的根拠がある。問題は、実際にいつ、どれだけそうすればよいかわからないことである」[30]

フリードマンにとってk％ルールは金融政策の知識が不完全ななかでの一つの試験的な提案にすぎず、マネタリズムの理論の直接的な帰結ではなかったのである。

事実、フリードマンは、マネタリズムの理論とk％ルールのような政策提言を常に明確に区別している。一般向けの講義をもとにした『資本主義と自由』でも、フリードマンはk％

ルールの意義と限界について丁寧に説明しており、慎重で控えめな姿勢を崩していない。
１９６７年のアメリカ経済学会会長講演でも、金融政策の目標の候補として、為替、物価水準、貨幣量の３つを挙げ、可能ならば物価が最も望ましい目標だと指摘しているが、知識の限界を理由に物価ではなく、貨幣量のコントロールを支持している。
「おそらく貨幣的現象に関する我々の理解が進むにつれて、状況は変わるだろう。しかし、現在の我々の理解の状態では、〔貨幣量のコントロールという〕より遠回りをした方が我々の目標を達するためにはより確実なやり方である」[31]
１９７０年の講義「貨幣理論における反革命」[32]において、フリードマンはマネタリズムを11の命題にまとめているが、そこでもｋ％ルールは含まれていない。１９８４年の論文でフリードマンは、マネタリズムの理論と政策を明確に区別しているが、こうした区別は当初から一貫したものだったことは明らかである。

29 Friedman[1960a, 1962, 1968, 1972]
30 Friedman[1960a], p.98
31 Friedman[1968], p.15
32 Friedman[1970]

フリードマンの提唱した具体的なルールそのものは受け入れられなかったとはいえ、裁量的政策運営の失敗の反省から1990年代以降、多くの中央銀行が説明責任を伴うインフレ目標を採用し、ルールに基づく金融政策というフリードマンの理想はほぼ実現するに至っている。インフレ目標は厳密なルールではないものの、明示的な説明責任を伴う目標を設けている点で、制約された裁量と呼ぶことができ、旧来のたんなる裁量とは明確に異なる政策枠組みである[33]。

ニュージーランドをはじめ、1990年代以降のインフレ目標採用国の経験は、インフレ目標政策がインフレ予想を安定させ、効果的に機能することを示した以上、晩年のフリードマンがインフレ目標政策に好意的だったのは何ら驚くに値しない。

「次のような命題をしっかりと確立したことにマネタリズムの主な意義がある。インフレーションは貨幣的現象であり、金融政策はインフレーションに対して責任を負っており、金融政策の役目は、インフレーションのコントロールであるべきである。これらの命題は、貨幣それ自体の強調よりも重要である。……イングランド銀行もFRBも、金融政策がインフレーションの発生に責任があるということを認めている。これらの中央銀行は、インフレーションは、労働組合の力やコスト圧力等で起きると言っていたものだが、今日、もはや誰もそんな事を言わない。……同じことは、デフレーションについてもいえる。1933年FRB議長はデフレーションを起こした中央銀行の責任を認めなかった」[34]

フリードマンの言葉通り、今日、主要国の中央銀行はインフレ目標を採用し、金融政策が物価安定に究極的責任をもつことを明確にしている。賃金が物価を決める、金融政策だけで物価はコントロールできない等といった、かつて中央銀行家が盛んに用いたオールド・ケインジアンのレトリックはほとんど姿を消した。k％ルールだけに注目し、マネタリズムの理論が今日の金融政策の基本的前提となっていることを看過するのは重大な誤りである。

なお、晩年のフリードマンは名目所得の安定化をもたらすように貨幣量を変化させる柔軟な枠組み（名目GDP目標）にも関心を示していたが[35]、名目GDP目標は現在、先進国で長期停滞から脱するための金融政策として真剣に議論されている。

33 Bernanke et al.[1999]
34 Friedman[2002a]
35 Friedman[2003a]

フリードマンの変動相場制擁護論――ユーロの失敗を予言

フリードマンの遺産は身近なところにもある。ブレトン・ウッズ体制が盤石に見えた時代、Friedman [1953a] はいち早く変動相場制度を提唱した。今日、私たちは外国から様々なものを取り寄せ、海外旅行が自由にできるが、固定相場制時代には、外貨不足で海外旅行の制限、特定商品の輸入禁止は日常茶飯事だった。金融政策を為替相場安定に割り当てれば、国内経済に望ましくない金融政策や為替統制を採用せざるをえない。為替相場を自由市場に任せ、金融政策を国内経済に割り当てるほうが望ましいという提言は当初顧みられなかったが、1970年代の通貨危機を経て、多くの先進国は今では変動相場制を採用している。

変動相場制に対しては、為替投機が為替レートを不安定化させ、貿易を妨げるという批判が根強かったが、Friedman [1953a] は投機の積極的な役割を指摘し、為替の変動自体は悪ではないことを明らかにした。為替レートを不安定化させる投機とは外貨を高いときに買い、安いときに売るような取引であり、通常、投機家に損失をもたらす。成功する為替投機は将来の変化を正しく予想し、むしろ為替レートを安定化させる働きを持つものである。

各国間の経済環境の変化が起きれば何らかの調整が避けられないが、為替の変動は物価の変動や為替管理等の他の方法に比べ遥かに優れた方法である。為替レートが通貨需給に合わせて変動することを認めれば、通貨不足は市場メカニズムによって解消され、通貨危機を心配する必要はなくなるのである。

実際、フリードマンの予想通り、変動相場制下で国際貿易は拡大を続け、為替の変動が貿易を妨げるという懸念は杞憂に終わり、変動相場制採用国では通貨危機は過去のものとなった。変動相場制の下、金融政策を物価安定に割り当てた国々は様々な経済ショックを乗り越えて安定した成長を遂げている。１９７０年代以降の世界経済は2度の石油ショックや２００８年以降の世界同時不況等の経済環境の激変に見舞われたが、先進国は固定相場制を放棄していたことから、極端なデフレや通貨危機に陥らずに済んだのである。

これに対し、固定相場制に留まった途上国ではアジア通貨危機をはじめ繰り返し通貨危機が発生し、経済発展の深刻な障害となっている。先進国でもルーブル合意やＥＲＭ等の固定相場制再建の試みは執拗に繰り返されてきたが、いずれも最後は経済危機を招いて終わっている。[36] フリードマンは早くからユーロの失敗を予言していたが[37]、２００９年以降のユーロ圏

36 Friedman and Schwartz[1992]
37 Friedman[1997a]

の経済危機も、各国が独自の金融政策を採用できず、為替レートの変動による調整が働かないユーロという共通通貨、究極の固定相場制が招いたものと言える。様々な批判はあるにせよ、変動相場制を超える安定した通貨制度は存在しない以上、変動相場制は今後も国際通貨制度の中心であり続けるだろう。

投機擁護論の誤解――闇雲な規制には慎重だった

なお、Friedman [1953a] の主張は「投機は常に市場を安定化させる」という議論だと誤解されがちだが、フリードマンはバブルや不安定化をもたらす投機の存在をもちろん認めていた[38]。実際、フリードマンは1970年代の金融技術革新に対してむしろ懐疑的であり、1980年代の日本や1990年代の米国の景気をバブルだといち早く警告していた[39]。

とはいえ、フリードマンは闇雲な規制には慎重だった。投機は時に誤った価格付けをもたらすのは事実だが、政府が価格を決め投機を禁じてしまえば経済の活力は失われる。政府の煩雑な規制はむしろ問題を起こすことが多い。実際、多大なコストのかかる膨大な金融規制にもかかわらず、バブルは繰り返し起きてきたし、不安定化投機は政府の失敗が原因であることも少なくない。米国政府の住宅取得支援や金融機関への暗黙の保証が住宅バブルを過熱させたことは記憶に新しい。金融危機を防ぐためにフリードマンが望ましいと考えたのは、100%預金準備制度やナロウ・バンキングといわれる預金機関と貸付機関を分離する制度のような単純で裁量性がない規制である。[40]

日本では、変動相場制の下でも経済が安定していなかったためか、いまだに固定相場制を擁護したり、変動相場制を否定したりする人が少なくない。しかし、日本の問題は変動相場制ではなく、変動相場制の利点が活用されてこなかったことにある。プラザ合意以降の日本では、物価安定を軽視し、国際協調やバブル潰し等のために金融政策が迷走してきた。

変動相場制では独立した金融政策が可能であるにもかかわらず、プラザ合意、ルーブル合意では、日本は為替相場をターゲットに金融政策を運用し、変動相場制の利点の一部を自ら放棄してしまったのである。とはいえ、1990年代以降の日本は危機的な経済状況が続いたにもかかわらず、日本がアジア通貨危機やユーロ危機のような経験をせずに済んだのは変

38　たとえばFriedman1960b, 1998a。
39　金融技術革新についてはFriedman[1980]、バブルについてはフリードマン［1990］、Friedman[1997c]を参照。
40　Friedman[1948, 1960a,1989]

動相場制を採用していたためである。また、変動相場制下で可能になった資本移動や貿易の自由化が日本経済に大きな恩恵をもたらしたことに変わりはない。

実証的な分析スタイル

第1章でも簡単に紹介したように、フリードマンの業績は貨幣理論に留まるものではない。現代の消費理論の基本である恒常所得仮説や統計学の業績等、フリードマンが影響を与えていない分野はほとんどないと言っても過言でないだろう。フリードマンは自由主義の思想家としても活躍し、教育バウチャーや負の所得税等、フリードマンの唱えたアイデアは、当初は夢物語だとされたが、今では真剣な議論の対象となっている。

フリードマンがこれほど大きな影響力を持つことができたのは、その実証的な分析スタイルによるところが大きい。経験的事実とのつながりを欠く形式的モデルの流行に逆らい、Friedman [1953b] は経済学を現実の問題を解決する道具と見なしていた。事実、フリードマンの理論は的確な予測をもたらし、現実の経済問題の解決に貢献してきたのである。

興味深いことに、フリードマンの分析手法は当時の主流の大規模計量経済モデルとは大きく異なる。フリードマンは、国際比較や歴史的な分析を重視した広い視野のアプローチを採用している。貨幣量の変動と経済変動の単純な相関だけでは両者の因果関係は特定できないが、フリードマンは、貨幣の変化が他の変化と独立に起きた自然実験に着目し、分析の限界を克服しようとしたのである。こうした方法は優れた統計学者として当時の統計の問題を熟知していたフリードマンならではのものであり、今日でも注目に値する[41]。

フリードマンが取り上げたのは、南北戦争に伴う財政のマネタイゼーション、南北戦争後の金本位制復帰、１８９０年代以降のゴールドラッシュ、大恐慌期や１９３７年の金融引き締め等、貨幣的要因が物価や所得とは独立的に変化した歴史的事例である。フリードマンはこれらの事例で金融政策の変化は物価や所得に体系的な影響を与えたことを明らかにした。

歴史的実例に加え、フリードマンは国際比較により、ほぼ同一の状況で異なった金融政策が行われた実例から金融政策の効果を検証した。Friedman and Schwarz［1963b］は大恐慌の原因として国際的金融危機に言及し、大恐慌の国際的な側面を重視している。

Friedman and Schwarz［1963b］には、しばしば「一国的であり、貨幣的であり、一種類の政策決定に結びつけられている……単一原因説」[42]といったレッテルを張り、「米国のマネ

41 Friedman[1953b], Friedman and Schwartz[1991], Bernanke[2003].
42 キンドルバーガー［２００９］４頁

ーサプライだけを重視した」といった批判がされることがあるが、実際のところ、これほど的外れな批判もない。むしろフリードマンの影響を受けたマネタリストの特徴は、徹底的な国際比較と歴史的研究の重視である。[43]

Friedman and Schwarz［1963b］は、金本位制を採用しなかったスペインや銀本位制の中国等が大恐慌の影響を免れたことを指摘し、大恐慌の「国際的な波及メカニズムにおける固定相場制〔金本位制〕の主要な役割」[44]を明確に述べている。また、英国、米国、フランス等を比較し、金本位制からの離脱が遅い国ほど景気回復が遅れたことも指摘している。こうした分析は看過されがちだが、もっと注目を受ける資格がある。現在の大恐慌研究は、異なる通貨制度をもつ国々の比較を重視するEichengreen and Sachs［1985］やBernanke［2000］らの国際学派の研究が中心だが、彼らの分析はまさにFriedman and Schwarz［1963b］を発展させたものなのである。

フリードマンの理論は、数多くの自然実験の分析を通じてより強固なものとなっていった。理論の価値はその予測能力でテストされると考える実証主義者Friedman［1953b］にとって、国際比較や歴史的事例を検討し、理論の予測と実際の結果を比較する作業は不可欠なものだったのである。フリードマン自身、次のように述べている。

「一羽の燕《つばめ》で春は来ない。金融政策がより重要であるという私の信念はこれらの劇的な出来事〔アメリカの最近の金融政策〕に基づくものではない。それは、数百年の様々な国の経験に基づいているのである」[45]

われわれがこれから見ていくフリードマンの日本経済の研究も、こうした検証作業の一環と見なすことができるものである。

43 Friedman ed.[1956], Meiselman ed.[1970], Choudhri and Kochin[1980] 等を参照。

44 Friedman and Schwarz[1963b], p.361, 邦訳、188頁。Bernanke[2002]はFriedman and Schwarz[1963b]の指摘を国際学派の先駆として高く評価している。

45 Friedman[1970], p.21

第3章　フリードマンの日本経済論

「私が初めて日本の地を踏んだのはインドに向かう途中に立ち寄った1955年のことだった。たった一日の滞在でしかなかったが、再び日本を訪れ、もっと滞在したいという気にさせるには十分だった。……旅行者として日本は私たちの『お気に入り』の国であり、それは経済学者としての関心とうまく一致した」[1]

——ミルトン・フリードマン

フリードマンの日本への関心

フリードマンが最初に日本を訪問したのは1955年のことである。インドへの船旅の途中、わずか1日の滞在だった。日本はフリードマンが訪れた最初のアジアの国となった。敗戦の痛手から立ち直りつつあったものの、当時の日本はまだ貧しい途上国にすぎなかった。

1963年、フリードマンは、世界の金融制度の研究のため1年間の研究休暇を取ったが、彼が重点的な研究対象に選んだ国は、ユーゴスラビア、イスラエル、ギリシャ、インド、そして、日本であった。高度経済成長を遂げた日本は、もはや貧しい農業国ではなくなっていた。フリードマン夫妻の日本滞在は2カ月以上にも及んだ。

これ以後、1988年に至るまでフリードマン夫妻は日本を何度も訪問することになる。[2]
フリードマン夫妻は東京や大阪、京都だけでなく、倉敷のような地方都市にも足を延ばした。日本の案内役を務めたのは、シカゴ大学で学び、フリードマンの自由主義思想のよき理解者であった西山千明・立教大学教授（当時）だった。ローズ・フリードマン夫人は「私たちは、日本では、私たちが訪れたどの国よりもたくさんの旅をしたものです」と回想している。[3]

１９８０年代には、米国でベストセラーとなったフリードマン夫妻の著書『選択の自由』が西山千明教授により翻訳され、日本でも一世を風靡した。１９８２年から１９８６年にかけてフリードマンは、日銀の要請に応じ日銀金融研究所の初代顧問に就任しており、『貨幣の悪戯』（Friedman 1992）の終章は日銀金融研究所での講演が元となっている。

１９６２年に出版された『資本主義と自由』（Friedman 1962）では、日本への言及は３カ所（５ページ）にすぎないが、１９８０年の『選択の自由』（M.Friedman and R.Friedman 1980）では、日本への言及は22カ所（計32ページ）と飛躍的に増えている（円に対する言及〈重複を除く〉も含めると24カ所、計34ページ）。日本が取り上げられる回数は米国、英国に次

1　フリードマン［１９９３］３頁
2　１９６３、１９６６、１９６９、１９７０、１９７２、１９７８、１９８０、１９８３、１９８５、１９８８年。
3　Friedman and Friedman[1998], p.321

いで多い。フリードマンは、とりわけ明治時代の日本の経済発展（自由貿易の成功例）と、1970年代の日本の金融政策（インフレの沈静化の成功例）に詳しく触れている。当時の多くの経済学者同様、フリードマンも日本経済の急成長に対して高い関心を持っていたことがわかる。

フリードマンの日本特殊論批判

アジアの片隅の非欧米社会がなぜ、高度経済成長を遂げることができたのか。当時も様々な仮説が唱えられたが、多くは日本社会の特殊性を強調したものだった。日本人の「生まれながらの集団主義」[4]といった要因が有力候補に挙げられた。

何より注目されたのは、日本の通産省（ＭＩＴＩ）をはじめとする官庁による産業政策である。英国のEconomist誌は、日本を「今日、世界で最も巧みに行われている統制経済」と紹介し、米国商務省の報告も、政官財が一体化した「日本株式会社」は西洋と異なるルールに従うと論じていた。この報告にはスタンズ商務長官（当時）が序文を寄せている。[5]

こうした見方の決定版はジョンソンである。ジョンソン［１９８２］によれば、「通産省の歴史は近代日本の政治および経済の歴史の中心である」。[6] 日本は特殊な発展指向型国家

（Developmental State）であり、西洋市場経済のルールには従わない。その経済発展はMITIの官僚たちが巧みな経済計画で意識的に作り出したものであるという。こうしたイメージは欧米で繰り返し紹介され、1980年代から1990年代前半に日米貿易摩擦が激化すると、日本の閉鎖的経済への批判は頂点に達した。

ステレオタイプな日本像とは対照的に、フリードマンは、早くも1960年代に日本経済の成功を自由市場経済と結び付けていた。フリードマンは、雇用をはじめとする日本の制度の特殊性を認めながらも、「日本人は、これらの制度の枠内で、経済的諸力を活用させる方法を実に器用に見出している」と指摘した。具体的には「終身雇用とは別に臨時雇用を採用」しており、「臨時雇用は解雇や整理の対象となる」ことや「大企業はより柔軟性を得るために大量の下請け企業を抱えている」ことを挙げている。[7]

1966年の講演では、日米には文化等に違いがあるが、それらはむしろ表面的相違であ

4　Macrae[1963], p.16
5　マクレー［1967], p.13, Kaplan[1972]
6　ジョンソン[1982],p.xiii.
7　フリードマン・トービン［1966］9頁

り、両国の経済には多くの共通点があると分析、日本経済は先進国へとキャッチアップする過程にあるため、米国よりも高い経済成長率を達成できると指摘した。[8]

フリードマンによると、日本は統制経済の有効性を示す実例どころか「自由な社会こそが発揮できるいくつかの素晴らしい利点を、経済の面においても政治の面においても示している非常によい実例」である。[9] フリードマンが証拠として挙げたのは、日本の経済成長が自由市場、自由貿易の時代に加速し、身分社会だった江戸時代や、太平洋戦争時の戦時統制経済の時代には停滞したという事実である。

明治時代の日本は「自由貿易の効果を証明する顕著な実例」であり、戦後の経済成長も自由市場の成功を物語っている。フリードマンは、日本を文化や制度は違っても、欧米と同じ自由市場経済だと見なしていた。今日から見ても、フリードマンの日本経済の理解は極めて的確である。当時、有力な経済学者の間でさえ「近代産業部門の雇用関係が米国や西洋経済のそれと全く異なっている」日本は「極端に非競争的な社会」（トービン）[10] といった見方が主流だったことを考えれば、フリードマンの先見性は注目に値するだろう。

実際、高度成長期以降の日本経済の展開は、日本の官僚が特殊な能力を持ち、日本の経済成長を主導しているといった幻想をすっかり吹き飛ばしてしまうほど悲惨なものであった。

今ではわざわざこうした議論を批判するまでもないかもしれない。産業政策万能論や日本特殊論への優れた批判としては、原田［２００７］、三輪・ラムザイヤー［２００７］、大来［２０１０］等の優れた著作があり、日本経済の成長は産業政策によってもたらされたのではなく、むしろ特振法などの産業政策が民間企業の抵抗で実施できなかったからこそ成功したことを明らかにしている。原田［２００７］は、豊富な歴史的実例を挙げながら、日本の伝統はむしろ自由主義的であり、戦前戦後を問わず、産業政策や軍国主義、戦時統制経済ではなく自由市場が日本の繁栄をもたらしたことを実証的に明らかにしている。

8　フリードマン［１９６６］19頁
9　ミルトン・フリードマン［１９８１］72頁
10　フリードマン・トービン［１９６６］9頁

第4章　日本の金融政策——固定相場制下の金融政策

「日本銀行の金融政策は、——この国の他の殆ど全てのこともそうなのだが——日本を訪れる外国の経済学者に魅力的な研究テーマを提供してくれるのである」[1]　——Economist

固定相場制下のインフレのメカニズム

フリードマンが1963年に日本を訪問した目的は、日本の金融政策の調査だった。当時の多くの研究がオーバーローンなど日本の金融制度の特殊性に注目したのに対し、フリードマンは、日本の金融制度の独自性（小切手の未発達や分積み両建て預金の役割等）や物価指数の特性、金融政策の手段の違いに適切な注意を払いつつ、日本でも他の国々と同じ、所得・物価と貨幣との関係が見られることを指摘した。[2] 日本の貨幣の増加と景気変動には、時間的なラグを考慮すれば、密接な関係があり、このラグの長さは、文化的・制度的な相違にもかかわらず、米国とほとんど同じだった。

フリードマンは日本滞在中、朝倉孝吉・西山千明［1974］やKeran［1968］らのマネタリストと協力し、日本の貨幣統計を精力的に研究したが、**図7、8**は、その成果の一つである、朝倉・西山［1974］が整備した日本の明治以降の貨幣統計を現在まで延長したものである。米国同様、日本でも、貨幣と名目GDP、物価の間に強い関係が存在していること

図7　日本における貨幣と名目GDP、物価の関係（1886-2018年）

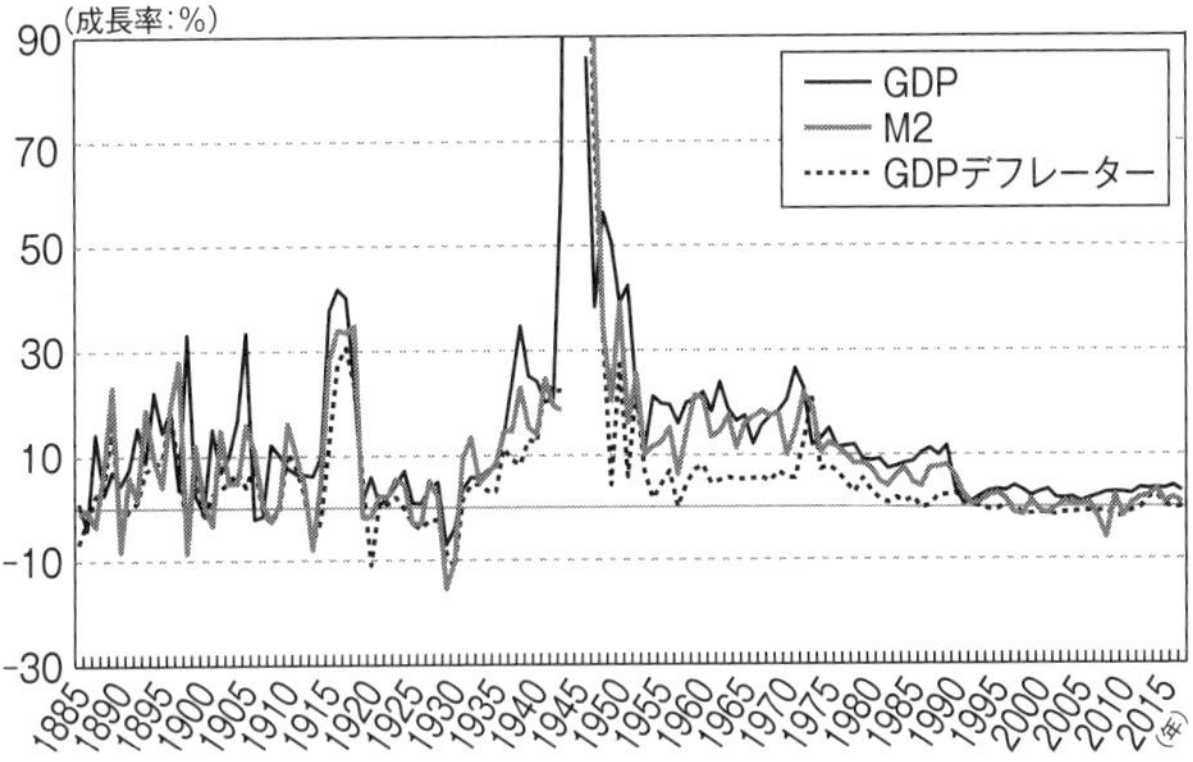

出所：朝倉・西山[1974]、日本銀行、深尾ほか[2017a,b, 2018]、国民経済計算。
注：M2は1954年まで朝倉・西山[1974]、1955年以降は日本銀行。預金封鎖のため1946年の正確な値は得られない。GDP、GDPデフレーターは深尾ほか[2017a,b, 2018]、国民経済計算等から筆者作成。1945、1946年は欠損値。

図8　名目GDPとM2の推移（1874-2018年）

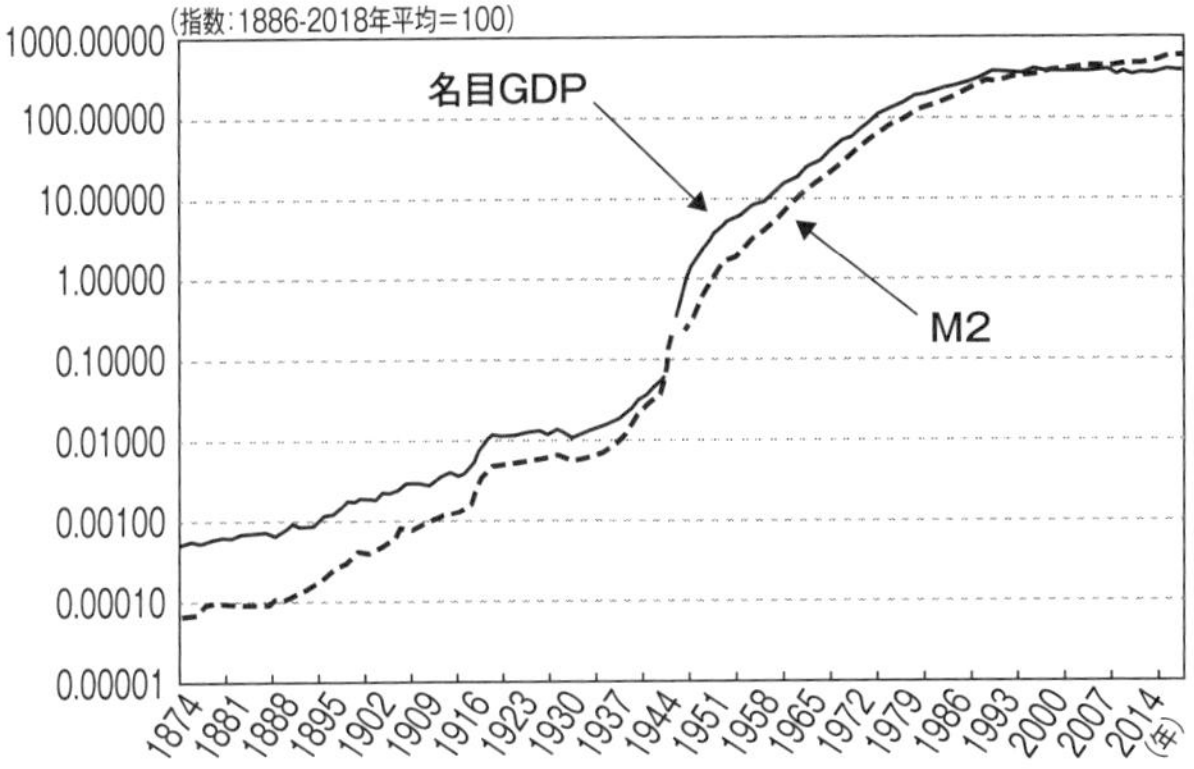

出所：朝倉・西山[1974]、日本銀行、深尾ほか[2017a,b, 2018]、国民経済計算。
注：M2は1954年まで朝倉・西山[1974]、1955年以降は日本銀行。1875-1884年の名目GDPの値は線形補完で作成。

が明らかである。

1970年代初めまで、フリードマンは、日本のインフレの経験を米国の反面教師と見なしていたように思われる。当時の日本の貨幣量の成長率は、たんに高かっただけでなく、きわめて不安定であった。年平均15％から20％増加し、時には30％以上も増加する等、「上昇率の極端な変化」が見られた。[3] フリードマンは他国で観察できないような貨幣量の急激な変化の影響を調べる上で、日本に注目していたのである。

1971年以前、固定相場制の下にあった日本の「典型的な景気循環」は、「国際収支が悪化すると、「日本銀行が」通貨の増加率を抑えるので、その結果景気後退に見舞われる。……国際収支が再び改善すると、直ちに日本銀行は通貨の量を増加させるので、景気が拡大歩調をたどる」というものであった。[4]

国際収支の天井に景気が振り回されるのは、金融政策を為替レートの維持に割り当てている固定相場制の国々では非常に一般的だったが、日本の場合、貨幣量の成長率の変動が激しいため、景気の振幅が極端なものになっていた。フリードマンは、1963年の論説で国際収支問題の解決策として固定相場制廃止を提言している。

「日本が国際収支の均衡を維持するには2つの方法がある。つまり、国内の物価を抑制ないし強制的に下げる金融引き締め政策によるか、自由為替レート制を採用し、外国通貨に対する日本円の価値が世界市場で決定されるようにするかである。そして後者が望ましいことは言うまでもない」[5]

物価決定における予想の重視

１９６０年代の日本は次第に上昇する高いインフレ率に悩まされるようになっていたが、フリードマンによれば、問題は長年にわたるインフレ的金融政策により国民がすでに高いインフレを予想するようになっていることにあった。[6] 金融政策により物価は今後も上昇するという予想が形成されれば、人々は財・サービス市場でも労働市場でも、物価の上昇を織り込

1 Macrae[1963] p.37, 邦訳、34頁
2 フリードマン・トービン［１９６６］6、8、12、13頁
3 フリードマン［１９６６］20頁
4 フリードマン・トービン［１９６６］10頁
5 フリードマン［１９６４］
6 フリードマン［１９６６］18、20頁

んで行動し、物価はさらに上昇する。[7] 重要なのは安定した貨幣量の成長率を維持し、インフレ予想を転換することである。そのためには金融政策を為替レートに割り当てる固定相場制の放棄と変動相場制の採用が不可欠であった。

日本の場合、安定した物価と両立する貨幣量の成長率は「年に10〜15％程度ではないかと思っている。それに反し実際には、年15〜20％、さらには30％に達する……増加があったから、日本人の多くが物価上昇に慣れ、物価上昇を予期するようになり、その結果、物価はさらに加速度的に上昇することとなった」[8]。

日本国民の間にインフレ予想が定着しているため、短期的にはさらなるインフレなしの経済成長は難しいが、長期的には過度なインフレは経済成長に有害である。「もし日本が物価上昇率を抑制する金融政策を採用するなら、これは短期的には疑いもなく諸困難をもたらそうが、国民の予想を変えることができるなら、次の10年間における経済成長率はさらに高いものとなろう」というのがフリードマンの診断だった。[9]

こうしたフリードマンの提言は、物価決定のメカニズムにおける予想インフレ率の役割を重視し、インフレ予想を転換する上で、固定相場制からの離脱という具体的行動によるレジームの転換を求めていると解釈することができるだろう。これは、予想インフレ率の安定を重視する今日の金融政策の見方にきわめて近いと言えよう。

為替制度の転換への言及はとくに注目に値する。最近の研究でも為替制度の転換が予想インフレ率に大きな影響を与えることが指摘されている。たとえば、大恐慌や昭和恐慌でも金本位制からの離脱がデフレ予想転換のきっかけとなっている。[10] 実際にフリードマンの助言通り、日銀がこの時期に物価安定重視の姿勢を明確にし、変動相場制を採用していれば、政策転換の明確なサインとなっていたことだろう。

構造的インフレ論批判——特定商品で物価水準の変動は説明できない

マネタリズムに対する当時の日本の経済学者の反応は、決して好意的ではなかった。当時の日本では、西山千明・立教大学教授や加藤寛孝・創価大学教授、経済企画庁の新保生二氏

7　フリードマン［1969］6頁
8　フリードマン［1966］18、20頁
9　フリードマン・トービン［1966］5頁
10　岩田編［2004］
11　西山［1976、1979］、加藤［1982］、新保［1979］

のようなマネタリストはたしかにいたが、[11] 学界の主流はケインジアンとマルクス経済学の影響下にあり、両者はともに金融政策を無視したインフレ構造問題説を支持していた。中でも人気があったのは、高須賀［1972］が唱えた生産性格差インフレ論である。

「日本の一部の人々は金融政策が消費者物価の上昇とあまり関係がないと論じており、消費者物価の上昇は雇用パターンの構造的変化、特に低賃金層の賃金上昇によるものとみている」[12] という状況で、フリードマン自身、次のように述べている。

「私は日本へ来てからいろいろな場所で物価上昇に関する議論を聞いたが、一番驚いたことはこの問題がいま述べたこと〔金融政策〕とは全く無関係に議論されていることである。

例えば二重構造とか、2つの異なった部門の生産性上昇の相違に関する問題が議論されている。……日本でなされている物価上昇の議論は、殆ど相対価格の変動がどうして発生するかに関連する問題であり、あらゆる価格を総合した物価水準の上昇が発生する真の原因は何かを論じていない」[13]

フリードマンは、日本におけるインフレの説明の多くに「相対価格の問題と一般的価格水準の問題との間の混同」が見られると指摘し、生産性格差インフレ論を批判している。[14] インフレを特定商品の相対価格の上昇で説明するだけでは、物価水準自体の変化を説明することはできない。

「相対価格の変化と絶対価格〔物価水準〕の変化を区別することは極めて重要である。原油価格や食料価格が上昇すると、顧客はそれらにより多く払わなければならないので、その他の商品にはこれまでよりも支出を減らさざるを得ない。このことはその他の商品の価格を引き下げたり、価格上昇をより緩やかにしたりするに違いない。ある財の他の財と比較した価格が変化したからと言って、全ての商品価格の平均水準が大きな影響を受けなければならないわけではない。調整の遅れのために、石油価格や食料価格の急速な上昇は一時的にインフレ率を多少上昇させるだろう。だが、〔それは持続的物価上昇の原因にはなりえず〕……インフレの基本的な原因は、産出の成長と比較した貨幣量の急速な成長である」[15]

残念ながら、物価の非貨幣的説明の人気は現代でも衰えを見せていない。1990年代末

12　フリードマン・トービン［1966］7頁、フリードマンとトービンの対談の司会者、大来佐武郎《おおきたさぶろう》・日本経済研究センター理事長の発言。大来氏自身、こうした見解に好意的だった。
13　フリードマン［1966］20頁
14　フリードマン・大来［1963］60頁、フリードマン・トービン［1966］6頁
15　Friedman[1974]

以降のデフレの原因をめぐる論争では、ＩＴ革命、流通革命、中国製品輸入等による特定製品の価格下落を単純にデフレと結び付けたり、ユニクロやマクドナルドといった特定企業の製品をやり玉に挙げたりする主張が見られたが、これらはまさにフリードマンの批判する相対価格と物価水準の混同に基づくものである。

第5章 狂乱物価から物価安定へ

「私の印象では、日本は米国や英国の金融政策よりもレトリックの上ではマネタリストではないが、実際には遥かにマネタリスト的な政策をとっている」[1]

——ミルトン・フリードマン

金融政策の失敗が招いた狂乱物価

固定相場制度が常識だった時代からフリードマンは一貫して変動相場制を支持し、日本にもたびたび変動相場制の採用を呼びかけてきたが、ニクソン・ショック（1971年8月15日）直前にも、フリードマン［1971］は日本政府の固定相場制への固執に対して警告を発していた。

「今後、1、2年以内に円危機が起きるのは間違いない。日本政府当局は円切り上げに踏み切るまで間断なくドル残高の累積の問題に直面するだろう。問題はこの累積をいつまで放置しておくかである」（1971年5月20日のワシントンでの記者会見）

フリードマンの予測は的中し、間もなく日本は固定相場制の放棄を余儀なくされた。日本は他の国々が市場を閉鎖するなか、ドルの買い支えを続け、大規模なインフレの土壌を生みだすこととなった。1970年代に入ると、世界は高インフレと不況の併存するスタグフレーションに苦しんだが、日本は20％を超えるとりわけ深刻なインフレを経験した。

当時、大インフレの原因を石油ショックや「流通機構が非常に非近代的」なこと、賃上げを要求する「労働組合の攻撃」等、「我が国の特殊事情」に求める声もあったが〈財界の指導的存在だった土光敏夫・経団連会長〈当時〉の発言〉[2]、フリードマンはこうした意見を厳しく批判した。値上げ企業を弁護し労働組合にインフレの責任を押し付けようとする土光氏の発言に対し、フリードマンは次のように述べている。

「先程、土光さんが日本の国民はインフレの原因を産業界になすりつけていると言われました。……そのお気持はよくわかります。私は日本の産業界がインフレに対して責任を持っているとは思わない。責任があるのは政府です……。しかしながら、一般の国民がインフレの責任を企業の方になすりつけるというのも言われてみればしょうがない所が産業界にはある。なぜならば、日本の業界、産業界はインフレの理由を今度は労働組合に押しつける。……賃金の上昇がインフレを生みだしたとしているわけですが、賃金の上昇はインフレの原

1　Friedman[1983a],p.13
2　フリードマン［1975］8-10頁
3　フリードマン［1975］10頁

因ではなく、インフレの結果を反映したものでしかない」[3]

当時、リベラル派も保守派もこぞって労働組合をインフレの元凶と主張するなかで、フリードマンは労働組合の責任を否定する数少ない経済学者だった。労働組合は参入を制限し、消費者と新規参入者の犠牲の下に特定の財の価格や賃金を引き上げることはできる（フリードマンは誰であれこのような参入制限を試みる者を強く批判した）。しかし、それは物価の持続的上昇をもたらすことはできない。同じことは、独占的行動をとる企業についても言える。

フリードマンは国際比較からも独占度や労働組合の強さはインフレと無関係であることを指摘し、非貨幣的なインフレの説明を批判し、問題は金融政策にあると指摘した。

現代の研究[4]は「日本のインフレは……Made in Japan」[5]というフリードマンの診断を裏書きする。日本同様、西ドイツも石油輸入国だったが、第一次石油ショック時のインフレ率は6％にすぎない。ＯＰＥＣの原油価格引き上げは１９７３年10月だが、日本のインフレ率は5月に10％を超え、9月には15％近くに達しており、すでにきわめて深刻な状態だった。日本のインフレの真の原因は田中政権下でのインフレ的金融政策にあった。

実際、西山［１９７２］は１９７２年9月というきわめて早い段階で、マネタリズムの理論に基づき、Ｍ２の急上昇から「物価は来年の後半以降から急騰する」と指摘し、「スタグフレーションの発生は不可避である」ことを的確に予測していた。1972年9月時点でのインフレ率（前年同月比）は3・3％にすぎなかったが（持ち家の帰属家賃除く総合指数。1955―1971年の平均は約4・1％）、事態はまさに西山［1972］の警告通りとなったのである。

貨幣量の重視により物価安定を達成

1970年代にはインフレにケインジアンが有効な対策を打ち出せないなか、英米独で貨幣量の目標が定められる等、先進国の金融政策は貨幣量・物価安定重視のマネタリスト的方向に変化したが、狂乱物価に直面した日銀も為替重視から物価重視へと政策を転換する。

1974年以降、日銀は金融引き締めにより20％以上に達していた貨幣量（M2）成長率を10％程度に引き下げ、インフレ予想の鎮静化に努めた。

1975年7月号の日銀『調査月報』に掲載された「日本のマネーサプライの重要性について」と題する論文は、「日本におけるマネーサプライ、とくにM2残高の動向は、物価の

4　たとえば小宮［1976］、Wakatabe and Kataoka[2011]を参照。
5　フリードマン［1975］9-10頁

図9　M2成長率と消費者物価指数上昇率の推移（1956-1985年）

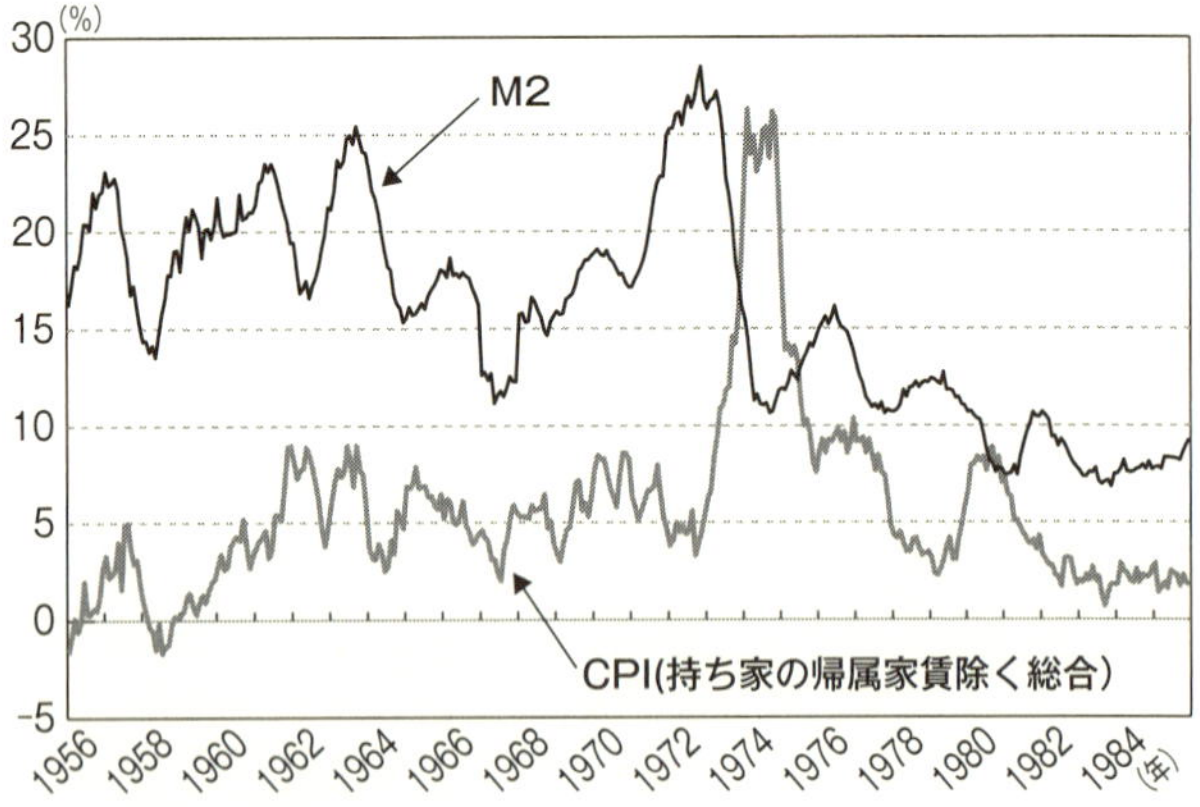

出所：総務省、日本銀行
注：CPIは1970年以前の時系列データが存在する持ち家の帰属家賃を除く総合指数、M2は現在の定義のM2にあたるM2+CD。

動向とかなり密接な関係を持っている。したがって、今後物価の安定を確保しつつ、適切な経済の発展を図っていくためには、金融政策の運営上、M2残高の動向に十分な注意を払っていくことが必要である」[6]と結論、日銀がM2を重視した金融政策を実施する方針を明らかにした。

1978年から日銀はマネーサプライ成長率の見通しの公表を開始、M2の成長率は徐々に引き下げられ、1980年以降は1985年まで8－9％程度の安定したスピードで増加した【図9】。

日本におけるマネタリズムの成功

フリードマンは日銀の方針転換を早くから

図10　ＧＤＰデフレーター上昇率の推移(1961-1985年)

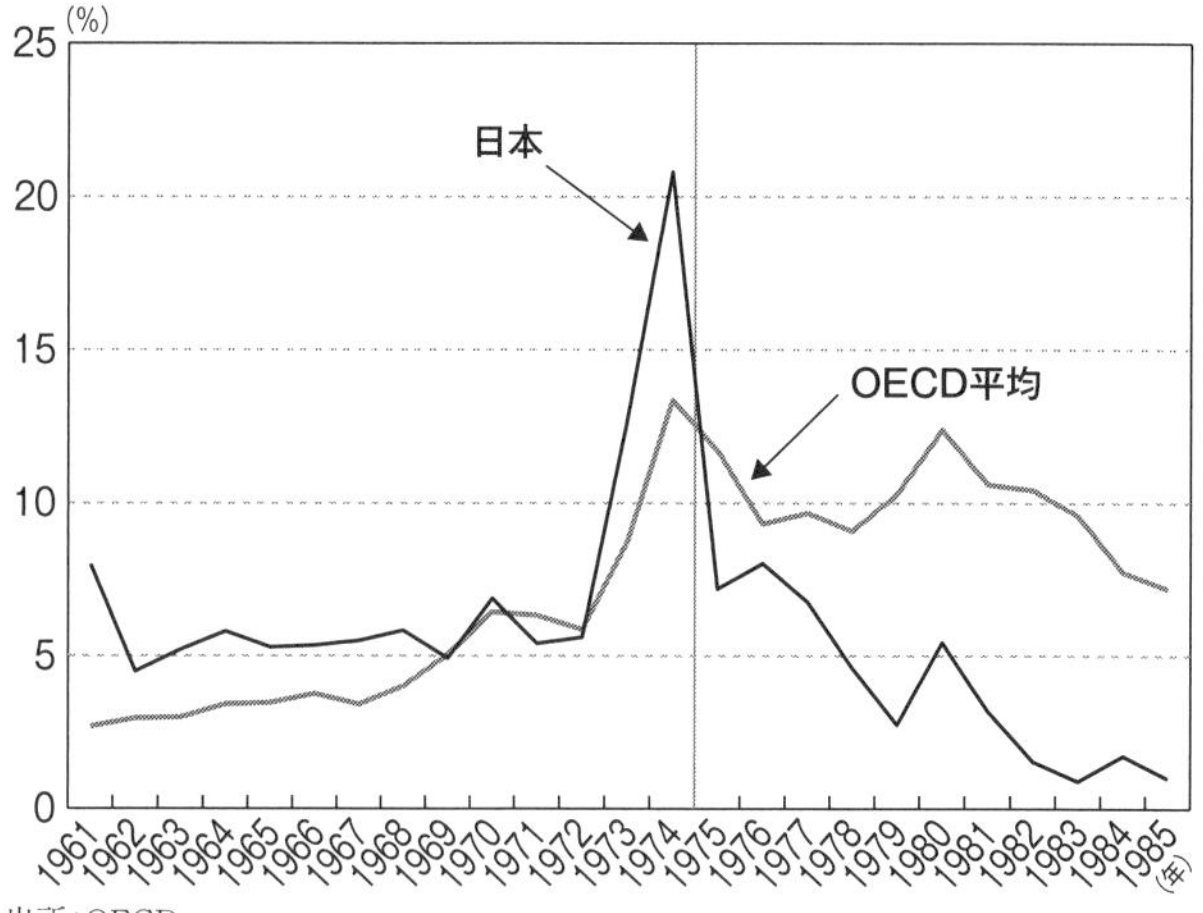

出所:OECD

支持し、強力なインフレ対策の成功を予想した。１９７５年には、日本のインフレ対策を「最も優れている」と高く評価し、「世界の中でどの国が最もインフレを抑制することに成功する可能性を持っているか……。……私の答えはドイツと日本である。これら両国は……インフレ抑制に成功する最も強い可能性を持っている国だ」と述べている。[7] １９５０年代以降、インフレ率の最も高い先進国の一つで、１９７４年には先進国で最悪のインフレを記録していた日本を、「インフレ抑制に成功する最も強い可能性を持っている国」と見なした経済学者は当時、決して多くはなかった。

だが、インフレ退治に主要国の中央銀行が

苦戦する中、日銀の貨幣重視の金融政策の実績は輝かしいものとなった。貨幣量の成長率の安定とともに、インフレ率も安定し、日本は物価安定の優等生となった。第一次石油ショックでは先進国最悪のインフレを経験した日本は、第二次石油ショックの際には先進国中、西ドイツに次ぐ低いインフレ率を記録した。OECDでもインフレ率の高い国だった日本は物価安定の優等生へと変貌したのである【図10】。日本の成功は賃金統制や物価統制なしに、金融政策で物価を安定させることは可能だというフリードマンの主張を立証するものだった。

「インフレの治療の最も成功した事例は、日本の事例である。……思うに、これは、私の知る限り、穏やかで相対的に安定した貨幣量の成長率を採用する政策に基づく、紛れもなくマネタリスト的なインフレ治療の最も成功した事例である」[8]

フリードマンは「貨幣の成長は穏やかなだけでなく、安定的でなければならないということこそマネタリストの政策の基本的な要素である」[9]として、日銀が安定的なM2の成長率を維持していることをとりわけ高く評価した。

米国でも、1979年にはボルカーFRB議長が「実質的マネタリズム」の採用を宣言したが、日本と比較すると、ボルカーの「実質的マネタリズム」は不満足なものだった。たしかに「貨幣量の成長率は減速させられた。……だが、貨幣量の成長率は、……安定しておらず、極めて不安定だった」からである。[10] 貨幣量の成長率は不規則に変動し、明確な低下傾向を示すまで時間がかかった。この結果、米国ではインフレ予想の鎮静化に時間がかかり、景気後退も深刻化した。

インフレが構造的なものであれば、1970年代初めまで高インフレ国だった日本が短期間で物価安定を達成できるとは考えにくいが、日本の成功は金融政策の転換こそ物価安定の鍵であることを明らかにするものである。フリードマンは、レトリックの上では「実質的マネタリズム」を宣言したり、マネーサプライ目標を発表したりしたFRBのほうがマネタリスト的だったが、実際の金融政策の運営の上では日本のほうが優れていると評価した。

6 日本銀行［1975］10頁。その経緯については鈴木［1994］10-11頁、中川［1981］189-190頁を参照。
7 フリードマン［1975］12頁
8 Friedman[1983c], p.51
9 Friedman[1983c], p.51
10 Friedman[1983c], pp.53-54. ボルカーFRBの評価についてはFriedman[1983a, b, 1985]も参照。

「1973年以前と以降の日本の金融政策とその結果の対比は、教訓的な例である。1973年以前の貨幣量の成長は不規則かつ不安定で、ついに年約25%に達する貨幣量の成長とインフレを招いた。1973年以降、貨幣量の成長は極めて安定的でゆっくりと低下し、経済の安定と着実なインフレ率の低下を伴った。日本銀行は、そのレトリックの上では最もマネタリスト的でない中央銀行だが、その政策では最もマネタリスト的である。日本銀行はまた、最も優れた結果を達成している」[11]

日本の景気の動きは、貨幣量の成長率を低下させると、当初は予想外の物価の鈍化で景気後退が起きるが、やがてインフレ予想が調整され、物価安定の下で景気が回復していくというフリードマンの予想とよく一致していた。マネーサプライの成長率の低下は1974年に短期間の不況をもたらしたが、やがてインフレ予想が修正され、物価安定の下での景気回復が続いたのである。フリードマンは、米国、そして日本でもベストセラーとなった『選択の自由』のなかでも日本のインフレ対策を「教科書的事例」と絶賛している。[12]

貨幣量重視の金融政策になった背景

マネタリズムが学界で弱かった日本において、日銀が世界で最もマネタリスト的政策を行ったという事実は一見、逆説的である。今日では、１９７４‐１９８５年頃までの日銀の金融政策がマネタリスト的だったとする評価にも批判的なものが少なくない。

しかし、当時の日銀の金融政策が〝マネタリスト的〟だったのは偶然ではない。外部の批判に対しては誤りを認めない傾向にあったものの、１９７４年頃の日銀の幹部は「『カネが増えると物価が上がる』という単純な真理」[13]を軽視したことによる大インフレの失敗を反省し、マネーサプライ重視の金融政策の必要性を理解していた。

たとえば、国会答弁で森永総裁は、目標としては発表しないが、「内部では常時あるべき姿のマネーサプライの数字と実績とを見比べながら」（第84回国会予算委員会第22号、昭和53年4月1日、森永総裁の発言）政策運営を行っていると述べ、望ましいマネーサプライの水準を考慮していることを明らかにしていた。鈴木淑夫・金融研究所所長（当時）も、「１９７５年以来、日本銀行によって実行されたマネタリーターゲッティング」では「広義通貨集計

11 Friedman[1985]
12 Friedman and Friedman[1980], pp,280-281, 邦訳、６０６‐６０８頁
13 中川［１９８１］67頁
14 鈴木［１９８５］４頁

量（M2＋CD）が最も重要な中間目標」であると明言している。[14]

1970年頃の日銀の政策思想と言えば、小宮［1976］が批判した、ハイパワード・マネーの受動的供給を仮定し、物価と金融政策の関係に否定的な「日銀流理論」が有名だが、日銀の立場は一貫して「日銀流理論」だったわけではない。むしろ、1960年代には吉野俊彦ら「日銀ディマンド・プル派」がインフレの原因を超過需要に求め、金融政策中心の物価対策を提言していた。たとえば、吉野編［1962］『経済成長と物価問題』は彼らの代表的な研究である。[15] 吉野編［1962］の立場は折衷的で、たとえば、コストプッシュインフレ説、金融政策以外の個別物価対策にも相当な紙幅が割かれていることにも注意すべきではあるが、当時はケインジアンの影響が強く、小宮隆太郎氏ですらインフレの原因を独占禁止政策の不足に求めていたことを考えると（館・小宮・新飯田、1964）[16]、彼らの主張は先駆的である。

「日銀ディマンド・プル派」は1963年のフリードマンの来日講演を機に、マネタリズムに一定の理解を示すようになっていく。『経済成長と物価問題』第2版（1966）には留保付きではあるが、フリードマンの来日時の発言を「青天の霹靂ともいうべき、大きなしかも貴重な示唆」を与えたと評価、[17] 金融政策による貨幣量の管理の必要性を指摘した文章が追加された。鈴木淑夫［1994］は当時の様子を回想して次のように述べている。

「1963年に入ると、ディマンド・プルを引き起こす総需要の背後にマネーサプライがあり、それと消費者物価上昇の間にも関係があるはずだ、ということが問題になってきた。きっかけは、この年……日本を訪れたフリードマン博士の発言である。フリードマン博士は、日本のマネーサプライ増加率と消費者物価上昇率のグラフを並べ、前者が後者に約半年先行しているという統計的事実を示し、マネーサプライの過剰供給が、1960年以降の消費者物価上昇率の高まりの原因だと主張した。このとき、私はフリードマン博士に面会を求め、そのグラフを見せてもらった。これに触発され、私自身日本の通貨と物価の関係を分析した」[18]

鈴木氏が1963年の日銀調査月報に「通貨と物価の関係について」を発表して以降、調査月報には貨幣量と物価の密接な関係を示す研究が次々と発表された。1970年代には、

15　吉野編［1962］177–178、183–184、275–276頁
16　館・小宮・新飯田［1964］33–35、38、69、70頁
17　吉野編［1966］306頁
18　鈴木［1994］208頁

1971年の調査月報に「マネーサプライの増加について」が掲載され、調査局のマネーサプライ重視はいっそう鮮明になる。1974年以降の金融政策の転換の背景に彼らの政策提言があったのは間違いない。

1974年12月に日銀総裁に就任した森永貞一郎氏は、就任直後から金融政策の失敗の原因を総点検するよう命じ、その結果を逐次報告させた。調査局は1973年の大インフレは1972年のマネーサプライの急上昇から予測できたこと、今後は政策指標としてマネーサプライにも注意を払うべきこと等を報告した[19]。この報告は当然、政策の場にも反映されただろう。中川幸次・営業局長（当時）も、就任直後の森永総裁に「マネーサプライの動向に留意すること」を進言したと回想している[20]。

「日本のマネーサプライの重要性について」は、日銀のマネー重視への転換を示す象徴的な論文だが、この論文の『調査月報』掲載の経緯について鈴木氏は次のように述べている。

「当時私は調査局特別調査課長であったが、……マネーサプライ残高と金融政策の目標である物価などとの関係を部下……とともに詳細に分析し、『……両者の量的関係を機械的に考えるのはよくないが、常に両者の関係を注意深く分析し、マネーサプライを適正にコントロールすることが物価安定を図る上で、基本的な条件である』という結論を出した。これを行内に配布し、守旧派の人々と半年以上にわたって論争した末、ついに上司の決済により日本銀行『調査月報』七五年七月号に発表することができた。論文の表題は、『日本におけるマネーサプライの重要性について』である」[21]

したがって、この論文が主張するマネー重視路線はたんなる個人的意見ではなく、『調査月報』掲載前から行内で議論されており、行内でもある程度共有されるに至っていた統一見解と見なすべきである。

実施されなかったとはいえ、マネーサプライ目標の設定は１９８０年代半ばまで重要な検討課題だった。１９７４年の検討では目標採用は見送られたが、１９７６年春以降、マネーサプライについての研究体制が強化され、行内では四半期ごとに、先行き半年間のマネーサプライの試算を開始、１９７８年４月には「マネーサプライの長期目標値を発表することがかなり真剣に検討された」[22]。１９７８年７月から開始されたマネーサプライ予測値の公表は

19 鈴木淑夫［２０１４］４６２-４６３頁
20 中川［１９８１］63頁
21 鈴木［１９９４］10-11頁
22 日本銀行百年史編纂委員会［１９８５］４７９頁

「当時の前川春雄副総裁の強いイニシァチブ」[23]によるものだった。
『日本銀行百年史』によれば、予測値は「目標値ではないものの、その時々の政策を前提として作成されるものであるから、単純な見通し計数とも異なるものであり、そうした意味で中間的な性格を持つもの」であり、「……マネーサプライの目標値を設定・公表することはさしあたり行わないことになったが、それは……マネーサプライの重要性を軽視したという意味では全くなく、マネーサプライが危険ラインを超えそうになればたとえ不況下でも引き締め政策に転ずるという強い決意を持って……政策運営にあたっていた」という。[24]
同様の認識は中川［1981］や鈴木［1985］にも見られる。中川［1981］は、「これは目標値ではないが、単純な見通しというよりもう少し意味を持ったもので……いわば、単純な見込みと目標との中間的なものである」[25]と述べている。
森永総裁は福田首相への書簡で「マネーサプライ、銀行貸出が危険ラインを超えそうになったら機を逸せず金融引き締めを行う決意である」とし、具体的にはマネーサプライが名目成長率の5割増になった場合（約16％）を想定していることを伝えていたという。1978年4月の支店長会議で中川理事は森川総裁の挨拶を補足し、「やはり今後はマネーサプライ等、流動性の動向に特に留意したい。もしマネーサプライが危険ラインを超えそうになったら、目をつぶってでも引き締めへ転換する覚悟である」と発言している。[26]

この考え方は前川総裁時代にも引き継がれ、前川総裁は1982年3月の参院予算委員会で「現在のマネーサプライ（通貨供給量）は（物価対策上）許容できる最上限であり、これ以上加速しないことが必要だ」（「景気対策、物価に配慮が必要――前川日銀総裁強調」『日本経済新聞』夕刊、1982年3月15日）と述べている。

当時の日銀は旧日銀法上、大蔵省に従属しており、何も決めることができなかったといった主張もあるが、こうした主張は現実の日銀法運用や当時の実態を無視している。現実には日銀の意思決定は旧法時代からかなり自立性が高く、蔵相も日銀の意向を無視するようなことはなかった。また、元大蔵事務次官で大平首相とも親しい間柄だった森永総裁はきわめて強い権限を持った日銀総裁であり、政府側もマネー重視の路線を支持していたことから、マネー重視の金融政策の推進への障害はほとんど存在しなかった。

23 鈴木［1994］10-11頁
24 日本銀行百年史編纂委員会［1985］480頁
25 中川［1981］189-190頁
26 中川［1981］90、96-97頁

日銀のマネー重視の金融政策にはアカデミズムからも強い支持があった。日本の経済学界ではマネタリストは伝統的に少数派だったが、1970年代半ばには変化の兆しも現れていた。西山［1972］のインフレ予測の的中はマネタリズムの名声を高め、主流派の間でも貨幣軽視を反省する声が聞かれるようになった。1974年には朝倉孝吉・西山千明編『日本経済の貨幣的分析―1868‐1970』が出版され、米国等と同様、日本でも貨幣が物価と景気変動に決定的な影響を与えてきたことを膨大なデータに基づいて明らかにした。

戦後日本を代表する経済学者として尊敬を集めていた小宮隆太郎・東京大学教授は、従来、コストプッシュインフレ説をとっていたが、小宮［1976］では「昭和48‐49年のインフレーションの最も重要な原因の一つ、あるいはまさに最重要の原因は、46‐48年の3年間にわたって、過大な貨幣供給がなされたことである」と断じ、貨幣量重視の立場を鮮明にした。

経済企画庁調査局のエコノミストだった新保［1979］は戦後日本のインフレがマネタリズムによって統一的に説明できることを指摘し、貨幣軽視が招いた期待インフレ率の管理の失敗がスタグフレーションの原因だったことを明らかにしている。

朝倉・西山［1974］、新保［1979］は日経・経済図書文化賞を受賞し、旧来の主流派からも高い評価を受けた。1970年代から1980年代初めには、貨幣重視の金融政策を支持する声はついに学界でも一見、多数派になったかに見えたのである。

こうした内外の支持を背景に日銀は貨幣重視の金融政策を強力に推進することができたのである。たしかに1980年代の日本銀行の金融政策は、フリードマンの提唱していたルールに従ったものではなかったが、当時の日銀が安定的な貨幣量の成長率を維持し、低く安定したインフレ率、安定的な経済成長を実現していたのは紛れもない事実である。

最近では、2008年以降の大不況を克服するための金融政策として、人々の予想を大きく変えるような政策レジーム転換の必要が指摘され、スタグフレーションを終わらせたボルカーFRB議長の手法が改めて注目を浴びている。[27] ボルカーに比べれば注目度は低いが、日本にもマネタリーターゲッティングにより、米国以上に深刻なインフレを最小限の犠牲で終息させた素晴らしい実績があることを忘れてはならないだろう。

---

27 Romer[2011]

フリードマンの貨幣軽視への警告

とはいえ残念ながら、日銀の黄金時代は長くは続かなかった。1974-1985年頃の日銀のマネー重視の金融政策はフリードマンの提唱する政策と一見似ていたが、制度的・法的に保障されたものではなく、依然として、日銀の裁量次第でいつでも変更されるリスクがあった。

フリードマンは、西山千明・立教大学教授（当時）との対談でM2+CDの目標値が公表されていないことを批判し、よりいっそうのルール化、透明性向上を求めていたが[28]、日銀がそうした提言を受け入れることはなかった。

プラザ合意以降、日銀の政策の重点が物価安定から為替の安定に移ると、日銀内ではマネーサプライ成長率への関心は急速に低下したが、1980年代後半以降のM2+CDの過度な変動は、バブル景気の過熱とその後の不況の深刻化という計り知れない悪影響をもたらした。

プラザ合意以降の金融政策の迷走に対し、フリードマン［1987］は早くから警告を発していた。金融政策は「本来的に国内的なものであり、国民の幸せを願って行われるべきもの」である。[29]〝国際協調〟のために、各国が本来自国経済の安定に割り当てるべき金融政策を、為替安定や他国経済の事情のために用いるのは効果的ではない、と。やがて日本は高い代償を払って、この教訓を学ぶことになったのである。

28 西山編［1979］44-46頁
29 フリードマン［1990］138頁

第6章

日米貿易摩擦とフリードマン

「私はそれほど日本が特殊でユニークだとは思わないのです」[1]

――ミルトン・フリードマン

揺れ動く日本特殊論者

日本経済が絶好調だった1980年代には、日本と名のつくものは何でも賞賛された。「今世紀の末頃、日本は米国と肩を並べ、そして追い越す」[2]（サミュエルソン）と予想されるなか、日米双方の日本特殊論者は、好調な日本経済を日本独自の要因で説明し、「日本のやり方こそ、今、世界がそこへ向かおうとする大きな流れに沿った、ただ一つの指標である」[3]と確信していた。米国の日本特殊論者にしてみれば、日本の成功は、自由貿易の米国とは正反対の保護主義、産業政策によるもので米国の繁栄を犠牲にして達成されたものだった。

ところが、1990年代に入ると日本への評価は一変する。バブル崩壊以降、日本経済は長期不況に突入し、やがて日本的システムは機能不全に陥っているという評価が定着する。1990年代半ばまで日米貿易摩擦は深刻だったが、日本の経済危機が明確になった1990年代末以降は下火になる。日本はもはや憐れむべき失敗者にすぎなかった。

短期間に多くの識者の日本経済への評価は極端からもう一方の極端へと目まぐるしく変

わったが、対照的に、フリードマンの日本経済への評価には極端な振幅はまったくない。1980年代の熱狂的な日本ブームのさなかでも、フリードマンは冷静そのものである。1980年の来日講演の際、フリードマンは、日本に学べと主張する米国人や多くの日本人の犯しがちな誤りとして、成長率と生活水準の混同を挙げている。日本の所得の成長はたしかに急速だったが、所得水準自体は米国に及ばなかった。日本脅威論者は両者を混同したり、現在の傾向を単純にそのまま延長し、日本が将来も現在のスピードで成長し続けると予想したりした結果、まったく誤った予測を行っていたのである。

バブル経済の熱狂と崩壊を思うと、次のようなフリードマンの警告は予言的でさえある。「我々は得てして現在の状況から考えて、それだけを根拠にして将来はこうなるだろうという判断を下す傾向を持っている……。……日本経済がこの数年にわたって、極めてうまく運営されてきたために、日本の方々はそれが当然のことのように考え始めていらっしゃるので

1 フリードマン［1975］9頁
2 サミュエルソン［1984］vii頁、当時、サミュエルソンは2010年までに日本が世界一になると予測していた。
3 長谷川［1983］24頁

はないか……。……仮にもしそうだとすれば、私は日本経済の将来に関して大きな憂慮を感じないではいられない……」[4]

フリードマンの日米貿易摩擦批判――日本特殊論への反論

１９８０年代から１９９０年代初めにかけて、米国では対日貿易赤字拡大を背景に、日本脅威論は異常な高まりを見せた。本来は自由貿易派の経済学者さえ、一時は日本への経済制裁や貿易制限が必要だと主張した程である。

たとえば、普段は自由貿易主義者のはずのサミュエルソン［１９８５］は「日本からの輸入品に対する憤り」は当然とし、大幅な円切り上げ、過渡的措置としての対米投資制限を要求している。なかでも、最も偏見に満ちた対日批判を執拗に展開したのは、ドーンブッシュ[1989a,b]である。ドーンブッシュは、日本人が日本製品を好む異常な「差別的嗜好」や「文化」を持つと主張し、米国は日本に対して年率15％の輸入拡大を義務付け、達成できなければ経済制裁を課す「結果主義に立った貿易政策」を実施すべきだとしている。米国の貿易赤字は大問題だとされ、日本は何らかの対策をとるべきという意見は日米双方で支持された。

これに対して、フリードマンは一貫して自由貿易を擁護し、自動車の輸出自主規制のような貿易制限は日米双方に有害であると指摘した。たとえ日本が閉鎖的だとしても、米国の報復措置は、貿易の利益をさらに損ない、日米双方を傷つけるだけである。相手国の行動にかかわらず、日米はすべての貿易制限を撤廃し、自由貿易を実現することが自国の利益である。

米国の対日強硬論を支えたのは日本が特殊な国で、自由で公正な米国と根本的に異なるという思い込みだったが、フリードマンは米国の様々な規制を指摘し、「保護主義者の海に取り囲まれた自由貿易の孤島」とするのは「酷い全くのナンセンス」[5]と断じた。「……我々は日本と全く同程度に輸入制限的で自由貿易から逸脱している。確かに日本は自由貿易から逸脱しているが、我々もそうである。日本の消費者は牛肉に国際価格の4倍を支払っているが、米国の消費者も砂糖に国際価格の4倍を支払っている。……両国は同じくらい悪いのだが、もちろん他人の欠点は自分の欠点より目につくものである」[6]

当時の対日強硬派は日本が米国を犠牲に輸出主導の成長を遂げたと主張したが、こうした

4　ミルトン・フリードマン［1981］42–43頁
5　Friedman[1987b]
6　Friedman[1987a]

主張は重商主義的偏見に基づく上、日本が輸出主導で成長したというのも事実ではない。「多くの人々が日本を極端に輸出入依存度の高い国だと考えている。……〔しかし〕日本の輸出は、日本の所得の13％である。日本は圧倒的に輸出に依存した経済なのではなく、圧倒的に国内で自給自足できている経済なのである。米国の輸出は所得の８％程度だから、日本と米国はこの点でそれほど違っているわけではない」[7]

メディアのステレオタイプな報道とは反対に、日本経済と米国経済はほぼ同程度に自由であり、日本がとりわけ保護主義的だという主張には根拠がない。また、日本経済は一見するほど非競争的でも特殊でもない。[8]

いずれにせよ、「日本に彼らのビジネスの仕方を教えるのは我々の仕事ではない」。[9] 各国政府は自国経済の問題に専念し、貿易は市場に任せるべきである。「日米両国の官僚が協議すれば、市場よりも的確にモノやサービスの適切な流れを決められるという考え方は幻想に過ぎない。こんな幻想は、共産諸国の経験を見て、とっくに打ち砕かれたはずだ」。[10]

“国際協調”に批判的だった

そもそも、貿易赤字は国際的な資金貸借の問題に過ぎず、問題視すること自体が誤りである。「経常収支の赤字は資本収支の黒字に対応する。外国の黒字分のドルは……米国債の購入や株式の購入や、日本の自動車会社のテネシーの工場の建設に使われているのである。……経常収支の赤字が雇用を奪うというアイデアは全くのナンセンスである」[11]。

Friedman［1987b］は、１９１４年以前の米国は貿易赤字国であり、19世紀米国の経済成長は英国の投資で可能になったことを指摘し、１９８０年代の米国の貿易赤字拡大は米国市場が投資先として魅力を高めた証であると主張した。その後の米国経済の推移はフリードマンの主張を裏付ける。１９８０年代の米国は好調が続き、貿易赤字亡国論の予測は外れたのである。当時、日米の多くの経済学者が貿易赤字を悪とする重商主義的思考に囚われていたなかで、フリードマンと同様の意見を述べたのは、小宮［１９９４］、岩田［１９９５］等、ごく少数の経済学者だったが、彼らの先見の明は高く評価されるべきである。

7　Friedman[1981], pp.22-23
8　Friedman[1984], pp.24-26
9　Friedman[1987b]
10　フリードマン［１９９４］13頁
11　Friedman[1987a]. フリードマン［１９８７］１１１頁、Friedman[1988b]も参照。

肝心なことは、国際協調に関係なく、日米双方にとって物価安定や自由貿易の実現が自国の利益だということである。国際協調そのものを目的にした政策は国内にも大きな犠牲を強いる上に、国際的な目的にも役に立たないことが少なくない。金融政策であれ貿易政策であれ、フリードマンは〝国際協調〟に批判的だったが、プラザ合意以降の日本経済の混乱や、日本の貿易自主規制が米国の消費者に高いコストを払わせたことを考えると、その懸念は正しかったというほかない。

第7章 バブルの崩壊と金融政策

「……このほど米国のノーベル賞経済学者、ミルトン・フリードマン博士の『東京市場は遅かれ早かれ暴落するだろう』との衝撃発言が伝わった。『東京市場の時価総額は現行為替レートで世界の四〇～五〇％に達しており、実態に見合っていない』というのが同博士の指摘だが、このところ顔色のさえない証券マンも『ノーベル賞受賞者にしてはあまりにも短絡的な考え方だ』（大手証券株式部部長）などと猛反発している」[1]――『エコノミスト』

バブル経済批判――「東京の株式市場は健全とは思えない」

1990年2月7日、フリードマンは、イタリアの経済紙に対して「東京の株式市場の時価総額はすでに500兆円を超えているが、この数字は世界の株式の40％近くに当たり、決して健全なものとは思えない」と指摘、将来の暴落を予測した。[2] 当時、日経平均株価は1989年12月の最高値からは下落していたものの、1月半ば以降3万7000円前後で安定、恒久的な高原状態を続けるかに見えていた。

だが、不吉な予言は、やがて現実のものとなった。資産バブルを懸念した日本銀行は1989年から金融引き締めを続けていたが、1990年3月に入ると株価は暴落、3万円を割り、年末には2万円台前半まで下落、翌年には2万円も割り込むに至った【図11】。金融市

図11　日経平均株価(月末終値)の推移(1986-1992年)

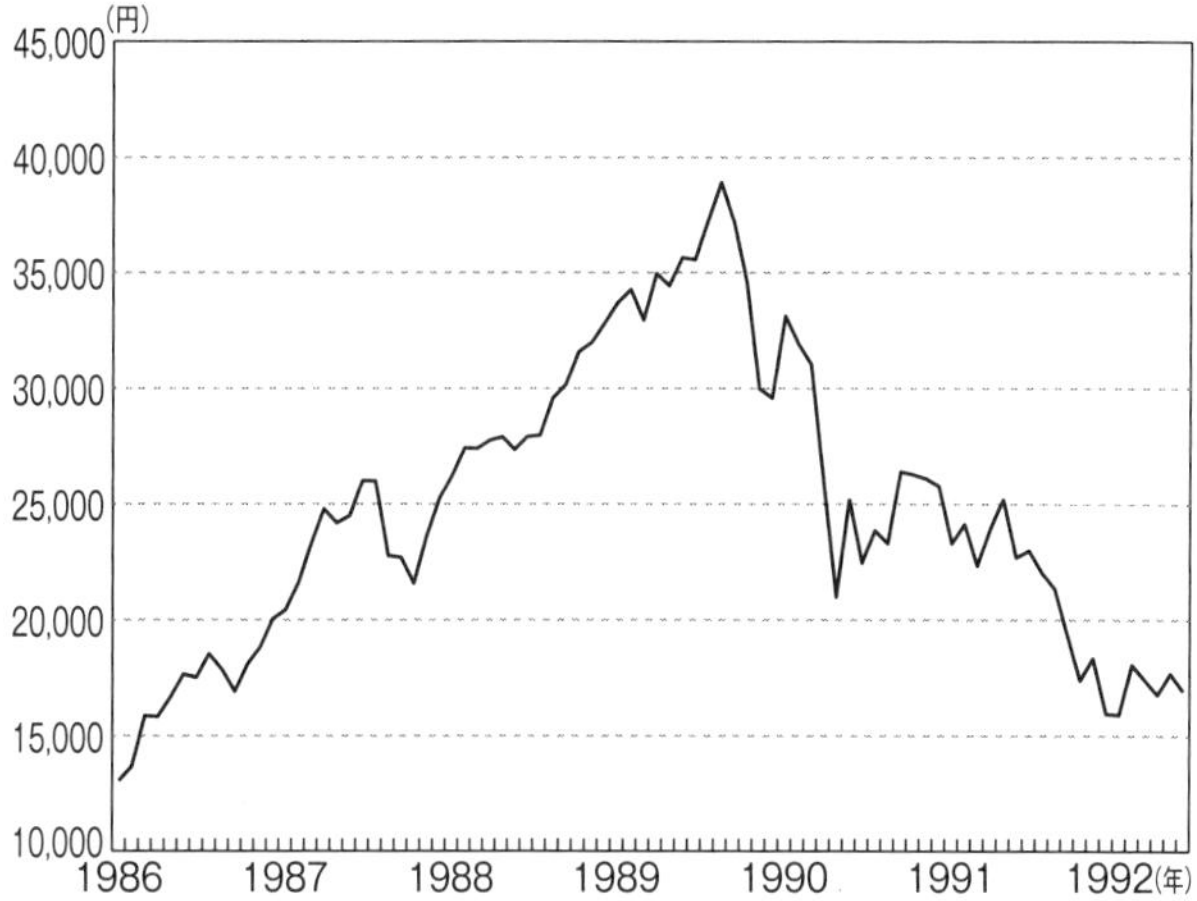

出所:日経プロファイル

図12　日本の政策金利の推移(1985-1999年)

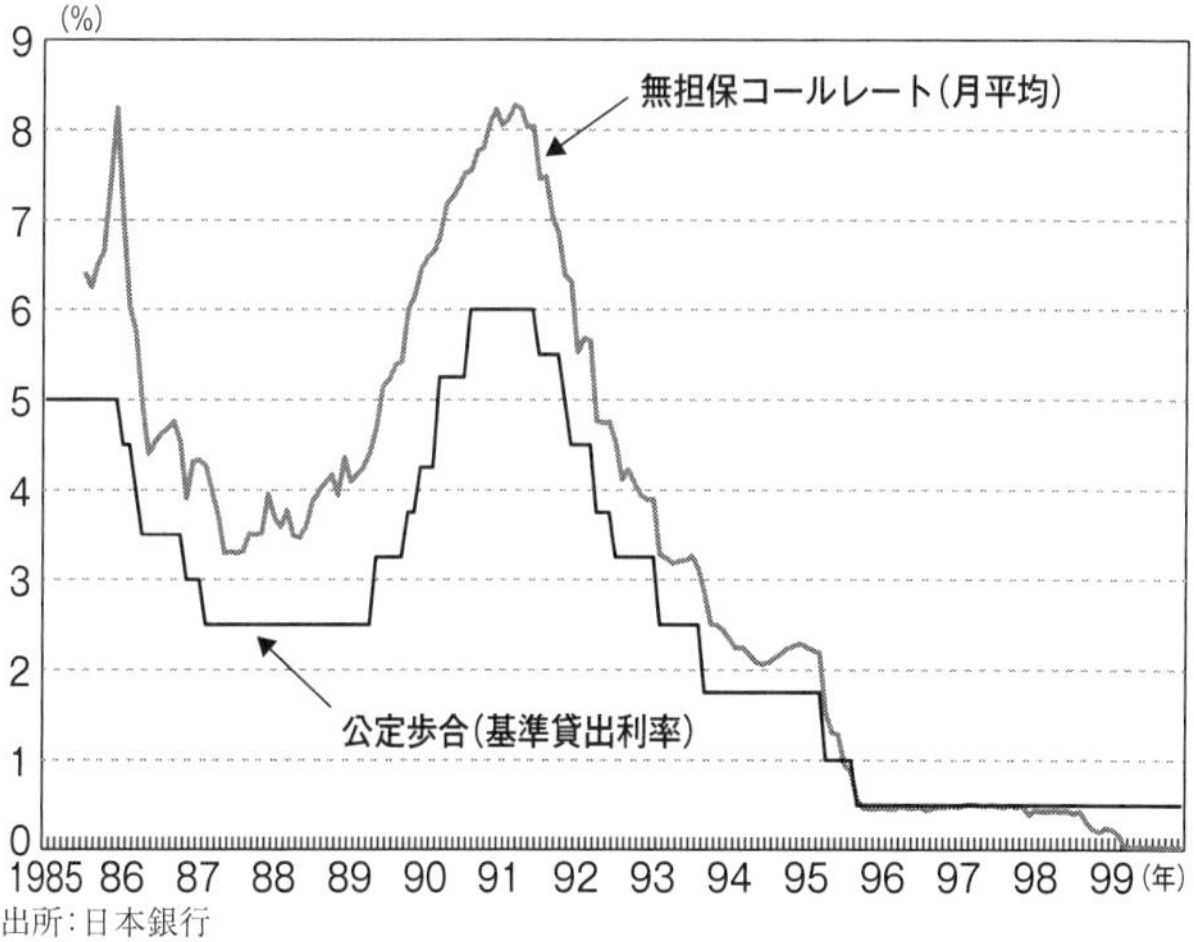

出所:日本銀行

図13　日本の貨幣量(M2)の推移(1985-1999年)

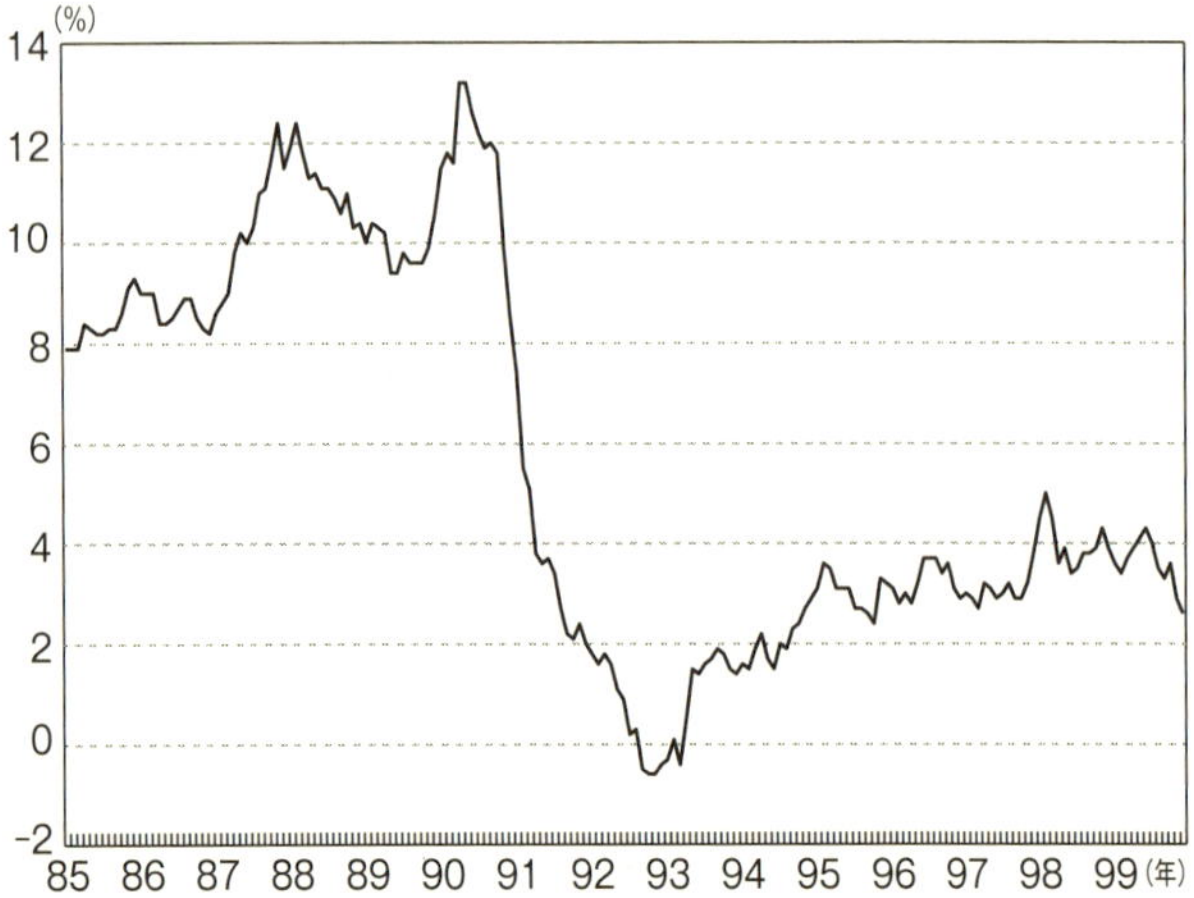

出所：日本銀行

図14　実質GDP成長率とGDPデフレーター上昇率の推移(1985-1999年)

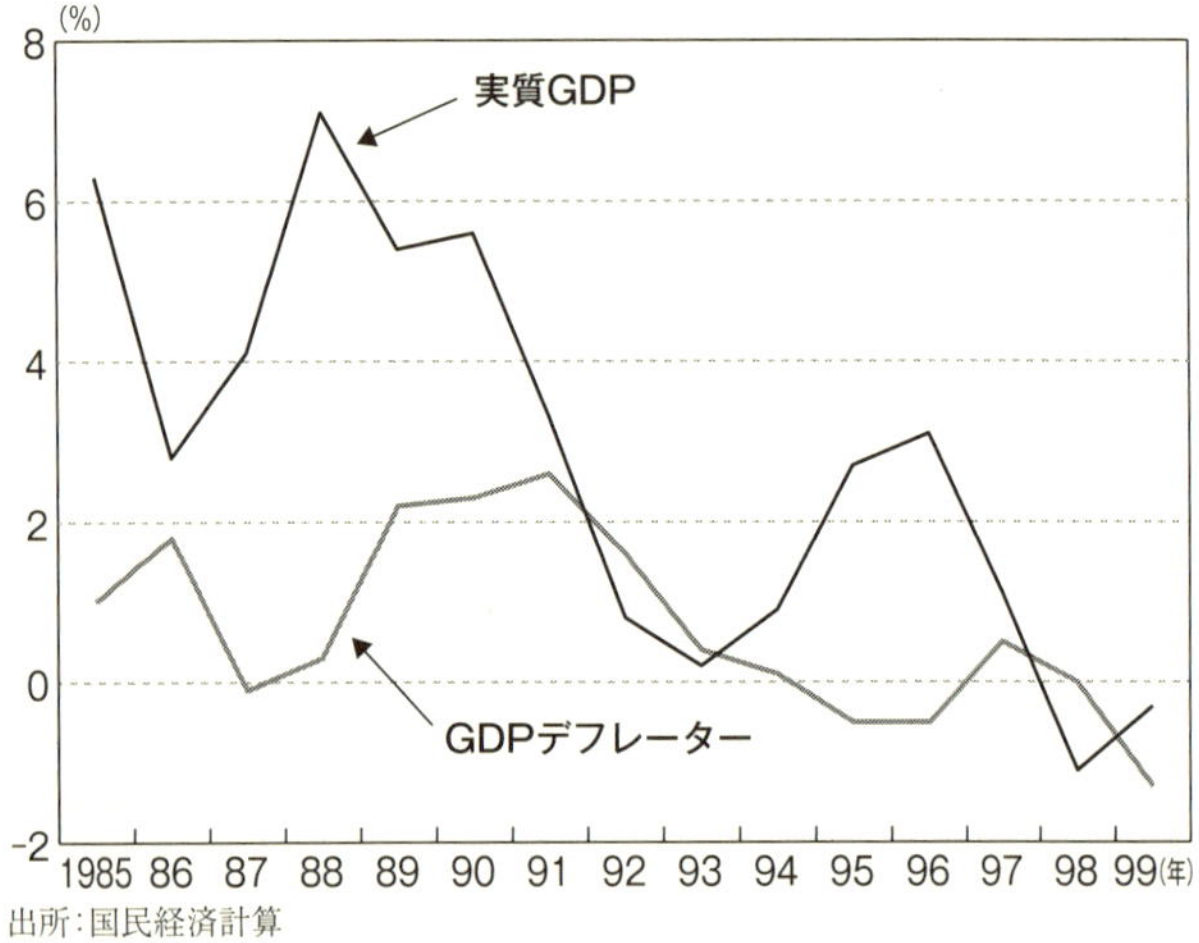

出所：国民経済計算

場の逼迫、貨幣量（M２＋ＣＤ）成長率の急低下にもかかわらず、日銀は資産バブル潰しに固執し、ハイパワード・マネーを減少させ、金融引き締めを１９９２年半ばまで継続した【図12】。日銀が公定歩合引き下げに乗り出した頃にはM２＋ＣＤ成長率はマイナスに転落していた【図13】。日本経済の運命は暗転し、失われた20年の停滞に沈むこととなったのである【図14】。

株価急落後の特集で『日本経済新聞』は「年初からの急落を「予知」した」一人としてフリードマンに言及している（「ドキュメント株価急落　第1部　衝撃編〈8〉」『日本経済新聞』朝刊、１９９０年3月28日）。株価の下落はすでに始まりつつあったものの、楽観的な空気が支配的だったなかで、フリードマンの発言はきわめて早いものの一つだった。

「なぜこんなことになったのか。私の解説は至極単純なものです。全ては１９８７年のルーブル合意に起因する。日本とドイツ、特に日本は、この合意に縛られ、自らの犠牲においてドルを買い支えた」[3]

1　「〈記者の耳〉東京市場は暴落する？」『週刊エコノミスト』１９９０年3月6日、19頁
2　フリードマン［１９９０］１３０頁、Friedman and Friedman[1998],p.632
3　フリードマン・西山［１９９３］41‐42頁

この結果、日本の貨幣量は10％以上のスピードで増加、これが景気過熱と地価、株価のバブルを煽ることになった。慌てた日銀は引き締めに転じたが、「やり過ぎたのですよ。通貨供給量の増大に対して、ブレーキを強く踏み過ぎたわけです」[4]「プラザ合意やルーブル合意がなくても、ドル相場は今日ある水準になっていた……。……これらの合意による政府の協調介入が、逆に市場の調整を遅らせ、バブル経済とその反動不況という深刻な試練を、日本やドイツ、……米国にも課す結果となったのです」[5]。

当初、フリードマンは、1980年代半ばまでマネタリズムを理解しているかに見えた「世界一優秀な通貨当局」日銀の能力を高く評価し、バブル経済の発生は、日銀の政策の結果というよりも日銀の金融政策に対する日米の政治家の干渉の結果だと見なしていた[6]。

マネーサプライ急落を招いた日銀を批判

だが不幸なことに、当時の日銀の政策思想はもはやマネタリスト的なものではなく、いわゆる日銀理論へと変質していた。1980年代後半に貨幣量重視の金融政策を放棄して以降の日銀では、次第に「(金融)緩和が十分かどうかは、金利が十分下がっているかどうかにほとんど的を絞って判断していけばいい」という考え方が支配的になっていった(「金融不況を語る〈4〉日本銀行理事福井俊彦氏――『銀行救済利下げ』ない」『日本経済新聞』朝刊、1992年12月26日)。

原田［1992］が指摘するように、日銀は以前のような貨幣軽視の金融政策思想に戻ってしまったわけである。日銀は、M2+CDの上昇率の低下はバブルの反動の当然の結果に過ぎず、「マネーサプライ水準が過小であるとは言い難い」と主張し[7]、何ら行動に移ろうとしなかった。

1993年になると、フリードマンは日銀がM2+CDの上昇率の急低下を容認していることに強い懸念を表明し、日本経済が戦後最悪の不況を迎えつつあると警告を発した。「あの頃〔1980年代末〕の年間12パーセントから14パーセントに達した通貨供給量の増加率が今や0パーセントかマイナスといった状態でしょう。……日銀は……大きなミスを犯したと思いますね。今日の通貨供給量の動向を見ていると、日本経済はさらに深刻な景気後

4　フリードマン・西山［1993］42頁
5　フリードマン・西山［1993］43頁
6　フリードマン［1990］139頁
7　日本銀行［1992］

退に向かいつつあると判断せざるを得ない。……おそらく日本は、戦後最も厳しい不況にあるのではないか。私の判断が間違いであればいいのだが……」[8]

不幸にして、フリードマンの懸念は、またしても的中した。やがて明らかになるように、バブル経済の崩壊は長い日本経済停滞の序曲にすぎなかったのである。フリードマンの期待に反し、日銀は、不況の深刻化にもかかわらず、大胆なハイパワード・マネー拡大に踏み切ることはなかった。1991-1999年のハイパワード・マネーの成長率は5・2%にすぎず、1980-1990年の平均7・9%を大きく下回っている。

貨幣の伸びの低下を容認し続ける日銀に、フリードマンは次第にいら立ちを強めていった。1994年のインタビューでは、日銀の金融政策の失敗がバブルとその急激な崩壊を招いたとし、「これは遠目の批判かもしれないが、日銀は誤りを正すのが遅くて、そのためにリセッションを長引かせ、深刻なものにしてしまったように思われる」[9]と述べている。1996年には、フリードマンは松下新日銀総裁に期待を寄せつつ、「1929年以降のFRBの行動を再現している」[10]と三重野総裁時代の日銀の方針に強い不満をぶつけている。

1997年の論説になると、フリードマンは「日本経済の現在の危機的状況を招いた責任の大半は、日本銀行によるこの10年間の的外れな金融政策にある」[11]と厳しく批判するに至った。フリードマンは、日銀の1990年代の金融政策に対して1929－1933年のFRBの金融政策を批判したのと同じ「的外れな（inept）」という形容を用いている。ルーブル合意以前の金融政策を絶賛していたフリードマンの失望と憤りが窺われる言葉である。

フリードマンの金融政策提言はなぜ無視されたのか

1980年代までの日銀のマネタリスト的政策運営と、1990－2000年代の日銀の貨幣軽視は鋭い対照をなしている。日銀の変貌と時を同じくして、学界でも1990年代には物価の非貨幣的説明と金融政策無効論が復活する。しかも、金融政策無効論を積極的に唱えたのは、小宮隆太郎氏をはじめ、かつての貨幣重視派だと考えられていた経済学者たちだったのである。いったい何が起きたのだろうか。

日銀の変化の原因としては、1975－1985年頃の日銀のマネタリズムの受容は一時

8　フリードマン・西山［1993］44頁
9　フリードマン［1994］13頁
10　Friedman[1996], p.206
11　Friedman[1997b]

的で、実務的、形式的な意味しか持っていなかったことが指摘できるだろう。岩田［2019］が指摘するように、1980年代には日銀エコノミストたちが貨幣と物価の密接な関係を明らかにする実証研究を次々と発表していたにもかかわらず、日銀内ではマネー軽視派が再び力を増していた。1980年代には原油価格急落と急激な円高が貨幣量と物価の関係を一時的に攪乱していたため、日銀執行部は「貨幣を無視しても構わない」と誤解し、バブル潰しの極端な金融引き締めの効果を見誤ったのである。[12]

そもそも、日銀内の貨幣重視派、「日銀ディマンド・プル派」の立場は実は折衷的で、一貫した理論を持ったものとは言えなかった。やや失礼な言い方をすれば、彼らは日銀の政府からの独立性強化や引き締め的金融政策の正当化に役立つのであれば、反経済成長論であれ、[13]マネタリズムであれ、ほとんどどんな理論でも喜んで受け入れていたようにさえ見える。最も優れた理論家だった鈴木淑夫氏でさえマネタリストではなく、「ターゲットの公表は政治的圧力を受けやすく有害でさえありうる」と考え、明示的目標のない裁量的な政策を支持する「折衷的漸進主義」を標榜していた。[14]

日銀執行部が貨幣軽視の政策運営を続けるうちに、日銀内の貨幣重視派はいつしか消滅していった。鈴木氏も1990年代はじめこそ日銀の貨幣軽視を批判していたものの、やがて日銀の独立性を擁護し、デフレ的政策運営の弁護に転じていく。

イデオロギーと経済分析上の道具を分離せず

アカデミズムの世界でも状況は同じだった。マネー重視の金融政策の支持が高まった1980年代でさえ、日本のマネタリストは孤立した存在にすぎなかった。フリードマンは何度も来日しているが、日本経済学会などの学会主催の行事に招待されたことはなかった[15]。おそらく、それはフリードマンに対する強烈な反感があったことと無関係ではない。日本の代表的ケインジアンの多くは左派で、貨幣数量理論にもフリードマン流の自由主義にも強い反感を表明していた。

彼らのフリードマン批判は、時に学説に無関係な人格攻撃に堕している。なかでも有名な

12 岩田［2019］81-84頁
13 たとえば、吉野［1975］を参照。
14 鈴木［1985］5、8頁
15 Wakatabe [2014] p.149
16 宇沢［2013］34頁

のは宇沢弘文氏の証言だが、「フリードマンが死んでよかった」[16]というほどのフリードマン嫌いの宇沢氏の証言は明らかに割り引いて考えるべきだろう。実際、田中［2006、2008］は、宇沢氏の証言には事実誤認が多く、信頼しがたいことを明らかにしている。そもそもフリードマンの人格や思想と、彼の経済理論が正しいかどうかとは本来、無関係である。

にもかかわらず日本では、イデオロギーと経済分析上の道具を分離せず、フリードマンのイデオロギーを嫌ったがゆえに、彼の提出した方法、手段、政策提言、問題提起などを無視する風潮が根強くあった。フリードマンを嫌う経済学者のなかには、マネタリズムやルーカスの合理的期待形成を「水際で駆除する」などと息巻いていた人さえあったという。これは日本経済の発展、日本の経済学の発展にとってきわめて不幸なことだったと言えよう。

これに加えて、日本の経済学には一般均衡理論が早くから発展する等、数学的に高度な世界的業績がある一方、論争を嫌い、政策提言に消極的で実践的問題にあまり関心がない傾向があったことも指摘しておくべきだろう。[17]これは歴史的説明重視、政策提言志向のフリードマンとは対極の伝統といえる。

実際、フリードマン自身、日本滞在中には「外国からの訪問客の意見を批判するのは失礼だから」といった理由で議論を拒否される経験をしており、メンツを立て、論争を嫌う伝統には少々困惑していたようである。[18]

小宮隆太郎氏の一貫した反マネタリズム

日本での経済学のそうした傾向を批判し、日常生活にも使える経済学、実践的な政策論争に積極的に関わった数少ない経済学者が小宮隆太郎・東京大学名誉教授だった。小宮［1976］の日銀批判は一見マネタリスト的で、一時は小宮氏こそ日本のフリードマンだと見なされた。

だが実際には、1960年代までの小宮氏の主張は、まったく反マネタリスト的なものだった。たとえば、館・小宮・新飯田［1964］は「物価対策の基本的手段として、⑴独占禁止政策を強化すること、⑵貿易自由化を促進し、また関税障壁を低めること、の2点が最も重要」とし、[19]特に独禁法を重視している。「有効需要の抑制は効果がないばかりかいろい

17 Bronfenbrenner[1956], 小宮［1961］
18 Friedman and Friedman[1998], pp.324-325.
19 館・小宮・新飯田［1964］70頁

ろな弊害」を生むとして否定的で、「金融を強くひき締めたら……おそらく物価はそれほど低下せず」、失業増大等の悪影響があるだけだと述べている。[20] また貨幣の成長はインフレの原因ではなく、インフレに対応した受動的・支持的な現象にすぎないとしている。[21] 実のところ、これは小宮［1976］自身の批判した日銀流理論ともそれほど違っていないようにさえ見える。

その後も、小宮氏は1960年代に主張していた非貨幣的なインフレ理論を撤回したわけではなかった。小宮［1983］は、彼の立場は経済状況の変化に応じて変化しているだけで、自説を修正したことはないと述べている。

「昭和30年代初からのクリーピング・インフレーションの原因診断において、日本銀行調査局はディマンド・プル説を採ったが、私は物価・賃金の下方硬直性に原因があると考えた。現在に至るまでこの見解を変えていない」[22]

1990年代後半以降の小宮氏の金融政策無効論、量的緩和批判は驚きをもって迎えられたが、実際には小宮氏の立場はつねに折衷的な新古典派総合で、マネタリズムには一貫して批判的だった。西山氏や加藤氏ら日本のマネタリストへの小宮氏の立場は、控えめに言っても冷たく、時にきわめて攻撃的である。

結局、日本には、フリードマンに匹敵する影響力を持つマネタリストはいなかったのである。

20 館・小宮・新飯田［1964］69、38頁
21 館・小宮・新飯田［1964］33-35頁
22 小宮［1983］92頁

第8章

日本の構造問題へのフリードマンの見解

「私は日本の資本主義に誤りがあったとは思わない。実のところ、米国や英国、香港の資本主義と比べて違うとも考えていません」[1]

――ミルトン・フリードマン

金融緩和の下での減税政策を主張

バブル崩壊後、日本政府は数次にわたる景気対策を打ち出したが、いずれも財政政策に偏った対策に終始した。フリードマンは、日本政府の対応を「彼らは拡張的金融政策を伴わない拡張的財政政策で時間と金を無駄にしている」[2]と揶揄したが、日本の政策論議は主として財政政策を巡るもので、金融政策への注目度は低いままだった。

フリードマンは、大恐慌のような銀行機能が麻痺した例外的な状況では、貨幣供給を増やす手段として中央銀行の国債購入を伴う政府支出拡大が有効であるとしていたが、金融政策の支援なしの財政政策単独の効果には懐疑的だった。[3] フリードマンは、中長期的には政府支出拡大はむしろ有害で、小さな政府こそ経済成長をもたらすと考えていた。

「減税と歳出削減を通じて、『小さな政府』にする。金融システムの立て直しを進める一方で、日本銀行が通貨供給量を急速に増やすことが欠かせない。……ケインズ主義的な手法を採用せず、通貨供給量拡大を図ればもっと効果が出るだろう」[4]

１９９０年代の日本の方針は、フリードマンの処方箋とはほとんど反対である。度重なる景気対策で政府支出は拡大し、中小企業の資金繰りや銀行倒産を防ぐ介入も増大したが、金融機関への資本注入は遅れ、金融緩和はあまりに遅く、あまりに小さ過ぎる状態が続いた。

結局、日本の景気回復は思わしくなく、１９９０年代は失われた10年となってしまった。「失われた10年」を分析した原田［１９９９］は規制改革の望ましさを指摘しつつ、停滞の原因は主に金融政策の誤りにあったと結論しているが、こうした指摘はフリードマンの日本経済に対する診断を裏付けるものである。

景気対策と税収の減少による財政悪化を懸念した政府は１９９７年には消費税増税を実施、日本政府は着実に大きな政府への道を歩んだ。フリードマンは、担税感の弱く、大きな政府につながりがちな消費税に極めて批判的で、１９８８年の論説[5]では、当時検討されてい

1 Friedman and Aoki[2000]
2 Friedman[1996], p.206
3 Friedman[1996, 1998c, 1999a, 2000b]
4 フリードマン［１９９８］
5 Friedman[1988a]

た日本の消費税導入に触れ、最初は低税率でも、いったん導入されれば、次第に税率が引き上げられ、日本政府の肥大化を招くだろうと予測していた。バブル崩壊後の歩みは残念ながらこの予測の正しさを裏付けるものだったといえる。

「高齢化社会を迎えるにつれて、深刻な問題になるだろう」

フリードマンは日本の財政刺激策を有効でなかったばかりか、それ自体、問題をもたらしたと主張する。当時の政府支出には「いらない橋を建設し、開通しても誰も喜ばない道路づくりに邁進していた」[6]と言われても仕方ないものも少なくなかったからである。

「1990年代の短期的問題を産み出してきている一つの要因は、経済を活性化させるだろうと信じて財政刺激策と呼ばれているものを使った政府の誤った試みである。しかし、それらは皆失敗に終わっている。いずれも経済活性化に目立った効果をもたらさなかった。これは全く驚きではない。……私の理解では、財政刺激策と呼ばれるものの大半は、非常に生産性の低いインフラの建設に関わるものである。もし日本がこれらのいわゆる財政刺激策をやらなかったら、私の考えでは、日本はずっと早く回復したし、現在抱えている問題ももっと少なかっただろう。これらは日本に巨額の長期債務を残したが、日本が高齢化社会を迎えるにつれて、深刻な問題になるだろう」[7]

１９９０年代の財政政策については、効果が小さかったことよりも、財政再建のための増税と景気対策の財政拡大が交互に行われ、一貫した政策がなかったことに問題があったとする有力な主張があり、議論の余地があるが、いずれにせよ、当時の日本政府の財政支出の効率性に問題があったとする点ではほぼ合意があるように思われる。また、１９９０年代以降の対ＧＤＰ比債務残高の悪化は、財政刺激策の影響だけでなく、デフレによる名目ＧＤＰの停滞、税収減少による部分が大きいことを考えれば、１９９０年代の早い段階で大規模な金融緩和が実行されていたら、財政問題がこれほど悪化したとは考えられない。[8]

構造問題説批判――説得力のない日本特殊論の焼き直し

バブル崩壊以降の停滞が長引くにつれて、極端な日本経済楽観論は極端な悲観論に取って代わられた。これまで日本が特殊であるがゆえに成功したと主張した日本異質論者にとっ

6　フリードマン［２００２］10頁
7　Friedman and Aoki[2000]
8　村上［２０１７］

て、１９９０年代以降の停滞の説明は簡単だった。今度は、日本経済は特殊であるがゆえに停滞し始めたのであり、回復はほとんど絶望的だということになったのである。日本経済の停滞は産業構造転換の遅れ、日本的経営等の日本的システムがグローバル化やＩＴ化に適さないことで説明されたが、大抵の場合、構造問題の実態は曖昧なものだった。

１９９０年代以降の構造問題説は、１９８０年代の日本特殊論のいわば裏返しの議論である。たとえば、国家主義の日本が米国を〝犠牲に〟輸出主導の成長を遂げたとする認識は、皮肉なことに、現代の構造改革論者にも受け継がれている。ラジャン［２０１１］は、日本を輸出主導の「管理資本主義」で経済成長を遂げた国とし、１９９０年代の停滞は必然だったとする。星・カシャップ［２０１３］も、「安定的かつ過小評価された為替レートによる輸出の促進」が高度成長期の日本の経済成長を支えたと主張、１９９０年代以降の停滞は「輸出偏向型の成長モデル」が限界に達したためとしている。[9]

野口［１９９５］はさらに極端で、「太平洋戦争という総力戦を遂行するために作られた戦時経済体制が、経済成長という別の目的にも大きな効果を発揮した」とし、[10]日本の停滞は戦時経済体制の行き詰まりが原因だという。

しかし、大来［２０１０］等も指摘するように、こうした認識は戦後日本の産業構造や制度が大きく変化してきたことを考えれば妥当とは考えにくい。星・カシャップ［2013］のような主張は失われた20年以前の日本の経済成長が内需主導だった事実を無視している。日本を無謀な戦争に導き破綻させた官僚が、今度は計画的に日本経済を発展させたとする野口［1995］の主張は、説得力のない日本特殊論の焼き直しにすぎない。日本に改革すべき点があるのは確かだが、過去の成功や現状を誤解したままでは構造改革の成功は覚束ないだろう。

フリードマンは、日本経済再生には不良債権問題の解決、金融機関の健全化が不可欠だと考えており、1970年代以降の日本政府の肥大化を以前から問題視していたが、日本的資本主義の失敗や構造改革の遅れが停滞の原因だという仮説には与しなかった。

フリードマンの認識は、1990年代の「日本経済のファンダメンタルズ（基礎的諸条件）は非常に強いが、過去十年間の経済運営は非常にまずかった」というものであり[11]、財政刺激策や不況対策で始まった様々な規制は日本経済に有害だが、最大の問題はデフレ的金融政策

9　星・カシャップ［2013］135、8頁
10　野口［1995］100頁
11　フリードマン［1998］

にあると考えていた。2000年の青木昌彦・スタンフォード大学教授（当時）との対談[12]でも、日本経済再生のためには制度改革が必要だとする青木氏に対して、フリードマンは次のように述べている。

「制度的な変化に関しては、青木教授は正しいでしょう。しかし、長期の問題と短期の問題を分ける必要があると思います。……私は日本の資本主義に誤りがあったとは思わない。実のところ、米国や英国、香港の資本主義と比べて違うとも考えていません。実際に問題があったのは日本の金融政策の運営だと思っています」

フリードマンは、高齢化や人口減少、政府の公共投資の効率の悪さなどの問題に対して注意しつつも、日本は依然として「極めて効率的で生産的な社会」と評価、日本経済の回復に期待を寄せている。日本経済の評判が地に落ちた時代にあって、フリードマンは人口減少や規制改革等の長期の問題と、短期の金融政策の問題を的確に区別し、バランスの取れた議論を展開したと言えよう。

デフレ脱却と構造改革は補完的な関係

2001年には、痛みを伴う構造改革を訴える小泉純一郎内閣が発足し、国民的人気を集めたことから、フリードマンの小さな政府の議論にも注目が集まったが、残念ながら、金融政策に関する主張はおおむね無視された。当時の構造改革論者には、マクロ経済政策の視点が希薄だったように思われる。むしろ、「改革せず、景気が先だと言って景気が回復したら、改革する意欲がなくなってしまう。……だから、ある程度低成長は覚悟して、『改革なくして成長なし』という方針通り……やっていこうと思っている」という小泉首相の発言（2001年7月22日のジェノヴァ・サミットでの記者会見）に象徴されるように、マクロ経済政策を積極的に否定する風潮さえあった。

彼らによれば、「大規模な改革なしで経済回復が実現されれば、ある意味で不幸であるともいえる。あらゆる経済において不況や経済停滞は、非効率性と脆弱性を削ぎ落すのに有効な役割を果たす」[13]ので、不況下の構造改革こそ望ましいのである。

景気対策が改革を遅らせるという見方は日銀でも根強かった。たとえば、山口［1999］は、日銀の金融緩和により「事態の深刻さに対する国民の認識が甘くなり、……当面の危機が回避されることによって、根本的な解決策の採用を遅らせるという大きな副作用」をもた

12 Friedman and Aoki[2000]
13 リンカーン［2004］75頁

らす恐れがあると主張している。

この頃にはメディアの間でも、「物価はもっと下がっていい。……〔デフレを量的緩和で止めようとすると〕構造改革を中断させることになってしまう」（「〔社説〕デフレ宣言 物価下落を止めてはならぬ」『毎日新聞』東京朝刊、2001年3月17日）といったデフレは構造改革を促すので望ましいといった極端な意見が見られた。

しかし、このような構造改革か景気対策かといった不毛な二者択一はフリードマンにとって理解しがたいものだった。1990年代の景気対策は日本における政府介入の増大、非効率的な公共事業をもたらしたが、それは金融緩和を怠りながら、効果がない対策を繰り返した結果である。[14]

構造改革と金融政策によるデフレ脱却とは補完的な関係にある。「デフレが解消されれば、日本経済が抱える問題、そのすべてとは言わないが、一部は解決の方向に向かうだろう。銀行の不良債権問題にとってもデフレの解消は好材料であることは言うまでもない」[15]。実際、日本経済復活のために真っ先に必要な改革の一つはデフレを終わらせることである。

「健全な回復への最も確実な道は、貨幣量の成長率を高めることである。緊縮的金融政策から金融緩和に転換し、貨幣量の成長率を〔バブル期のように〕再びやり過ぎにならないように気をつけながら１９８０年代の黄金時代に近付けるのである。そうすれば、喫緊の金融・経済改革も達成しやすくなるだろう」[16]

その後の日本経済の回復は、フリードマンの診断の正しさを明らかにするものである。２０００年代半ばの景気回復で、かつて存続の見込みがないとされた「ゾンビ企業」の多くは復活している。結局、不良債権の多くはデフレによって発生したものだったのである。[17]

適切な政策割り当てをすべきだというフリードマンの発想は常識的なものだが、日本では最近まで十分な支持を集めることがなかった。[18] 鳴り物入りで登場した小泉政権は、結局、既得権層の激しい抵抗に直面し、不況下にあった政権前半にはほとんど改革を進めることができなかった。政権末期の郵政民営化等のわずかな改革も、のちに大部分が覆された。

構造改革は失敗したのではなく、ほとんど実行されなかったのである。金融政策を軽視、

14　フリードマン・フリードマン［２００２］、Friedman and Aoki[2000]
15　フリードマン［２００２］10頁
16　Friedman[1997b]
17　Fukuda and Nakamura[2010], 大西・中澤・原田［２００２］
18　岩田・八田［２００３］は当時、規制改革と景気対策の両立を説いた数少ない例外である。

敵視した構造改革主義は、結果的に日本の停滞を長引かせ、改革自体も遅らせることになったように思われる。

マネタリストとオーストリアン――ハイエクの経済理論との隔たり

経済の構造改革を進めるには、不況で劣った企業を淘汰し、バブルで膨張した過剰な投資や雇用を一掃する必要がある――小泉改革期に人気を集めたこのような発想は、実は1930年代の大恐慌期の英米や日本でも見られたものである。[19] 深刻な不況が経済の腐敗を一掃することができるとする清算主義や、金融緩和はバブルを招き有害だとするハイエク[20]やシュンペーターらオーストリア学派の経済学者は金融緩和に反対し、デフレを放置するよう勧告していた。

フリードマンは、オーストリア学派とは自由市場を支持する点では共通するが、このような発想とはまったく無縁である。若き日のフリードマンの恩師だったヴァイナーやナイト、サイモンズが大恐慌への積極的財政金融政策を支持していたことはすでに述べた通りである。思想家としてのハイエクを高く評価したフリードマンだが、オーストリア学派の景気循環理論への評価はきわめて厳しい。フリードマンは、FRBがオーストリア学派の無為無策のすすめに従ったことで大恐慌が深刻化したことを強く批判している。[21]

日本ではハイエクの弟子だった西山千明教授がフリードマンを紹介したこともあり、フリードマンとハイエクの理論のこうした違いはほとんど理解されていないが、両者の隔たりは通常理解されているよりもはるかに大きい。西山氏自身は両者の違いを十分理解し、金融政策に関してはハイエクを批判するマネタリストの立場をとったが[22]、啓蒙書などではフリードマンとハイエクの違いをそれほど強調しなかった。

この点について、嶋中［２０１３］の次の証言は興味深い。「初めて西山先生のお宅に伺った際に『あなたはフリードマンとハイエクをちょっと混同してやしないか』と言われました。確かに、全く違う。西山先生が一緒くたにして宣伝したということもあるのですが、本当は違うわけです。フリードマンはハイエクが最も嫌う統計的集計量を使ったマクロ経済学

19 竹森［２００２］、岩田編［２００４］、野口［２０１５］
20 Hayek[1935, 1975]
21 Friedman[1972, 1998b]
22 Hayek[1975], pp.15-16
23 嶋中［２０１３］３９１頁

で、その意味ではケインズ派と一緒なのです」[23]。

実際、ケインズとフリードマンは、その時々の経済情勢を評価し柔軟に政策提言を行う点でも、共通した特徴を持っていたといえる。彼らはどちらも広い意味での実証主義者ということができよう。これに反して、ハイエクはその師であるミーゼス同様、実証主義を否定していた。[24] 経済理論を証拠に照らし合わせて検証することを何よりも重視したフリードマンとハイエクでは経済政策に関する考え方は当然、大きく異なっていたのである。

しかし、ハイエクとフリードマンの思想が日本に紹介された時代の問題はデフレではなく、インフレだった。インフレに関しては、インフレ克服には金融引き締めが必要とする点では2人の考え方にはほとんど違いがない。このため、インフレの時代には両者の鋭い対立は覆い隠されていたといえよう。デフレ不況が到来したとき、日本の政策当局や多くの経済学者が選んだのは不幸なことにハイエク流のデフレ容認だった。フリードマンの小さな政府論は広く読まれたが、結局、金融政策に関する理論はほとんど理解されなかったのである。

24 たとえば、Hayek[1994]

第9章　量的緩和のための闘い

「今や日本銀行はこう論じている。『いや、しかし、私たちは金利をゼロまで下げたのです。これ以上何ができるのですか』、と。答えはとても簡単だ。彼らは長期国債を買うことができるし、ハイパワード・マネーが経済の拡大をもたらし始めるまで国債を保有しハイパワード・マネーを供給できる。日本が必要としているのはより拡張的な金融政策である」[1]

——ミルトン・フリードマン

平成不況は予測可能だった

1998年以降、日本の消費者物価上昇率はマイナスになり、日本経済は15年にわたる深刻なデフレに落ち込んでいった。2013年のアベノミクス開始以降、デフレからようやく脱却したものの、デフレの弊害は今も深刻な後遺症を残している。日本がデフレに陥るのははたして避けられないことだったのだろうか。

1990年代初めに日本経済にデフレリスクはほとんどなく、デフレを防げなかったのはやむをえなかったという見方は少なくない。たとえば、Ahearne et al.[2002]は、1990年代後半まで日銀だけでなく、内外の経済学者もデフレ不況を「全く予想していなかった」とし、「1990年代初めの日銀の金融緩和は当時の経済見通しに照らせば適切に見えた」

が、「後知恵で判断すれば」失敗だったのだという。2013年以前の日銀関係者には、当時の日銀の失敗を認めまいとする風潮が強いように思われる。[2]

だが、貨幣量の急落を警告し、ハイパワード・マネー拡大を求めていた経済学者は、嶋中雄二・三和総合研究所主任研究員（当時、現三菱UFJモルガン・スタンレー証券景気循環研究所長）、岩田規久男・上智大学教授（当時、前日銀副総裁）や原田泰・郵政省郵政研究所第二経営経済研究部長（当時、現日銀審議委員）をはじめ、決して少なくなかった。[3]

実際、貨幣量の動向に注意していれば、平成不況の到来は予測可能であった。かつて貨幣量の動向から狂乱物価を見事に予測した西山立教大学教授（当時）は、すでに1991年4月に、それほど強い調子ではないものの「マネーサプライ（通貨供給量）残高伸び率の激減をこのまま放置すれば、景気のオーバーキルを発生させる危険がある」ことを指摘していた。

そして嶋中［1990］は、1990年10月というきわめて早い段階で貨幣量（M2）の

1　Friedman[2000a], p.421
2　Ahearne et al. [2002], Abstract, pp.3-4
3　嶋中［1991］、岩田［1992、1994］、原田［1992］、新保［1992］

急激な減速から深刻な不況の到来を予測し、1991年5月には「忘れ去られたマネタリズムの基本命題と通貨供給量適正化の教えに再び耳を傾けるべき」だと論じていた。[4] 新保［1992］の言葉を借りれば「マネーはいち早く景気後退を示唆していた」のである。

資産バブル崩壊後も、デフレに陥る前に日銀には軌道修正の機会は十分あったはずである。岩田［1992、1994］は、早い段階からバブル崩壊後の企業経営者の間のデフレ予想の蔓延、予想実質利子率の高止まりを指摘し、当時の日銀の消極的な金融政策を強く批判していた。

1993年時点でフリードマンが貨幣量の減少から戦後最悪の不況を予想したことについては、すでに述べた通りである。また、卸売物価指数やGDPデフレーターで見れば、1995年以前から物価はすでに下落していた。岩田［1995］は「卸売物価については92年から95年前半にかけて持続的に低下しており、日本経済はデフレ状態」と指摘し、デフレスパイラルに陥る危険性を警告していた。[5] 岩田［2019］が指摘するように、日銀が彼らの声に耳を傾けていれば、デフレを阻止する強力な金融政策を実施することは十分可能だったはずである。

名目利子率重視の金融政策を批判

日銀の失敗は起こるべくして起きたものだと言える。プラザ合意以前の姿勢とは一変して、バブル期から1990年代の日銀は、金融政策をもっぱら短期名目利子率で判断し、貨幣量に対してほとんど注意を払わなくなっていたのである。

たとえば、三重野総裁は1993年9月に公定歩合を1・75％に引き下げたが、それ以上の引き下げを拒否した。公定歩合は「明治15年の日本銀行創業111年間で最低の水準」で、金融は十分緩和されており、「未曽有の低金利」で「何らかの副作用があるリスク」もあるというのがその根拠であった。[6] インフレ率の鈍化、資産デフレが進んでいたにもかかわらず、三重野総裁の判断基準は名目政策金利だったのである。三重野［1993］は「いわゆる実質金利論」に対し、「実質金利概念を実際の政策運営に適用」する必要はないと述べ

4　嶋中［1991］33頁
5　岩田［1995］63頁
6　三重野［1993］2、7-8頁、三重野［1994］4頁、「公定歩合、0・75％引き下げ——日銀総裁の会見要旨」『日本経済新聞』夕刊、1993年9月21日を参照。

てさえいる。[7]

三重野総裁退任後、公定歩合は1995年4月に1％、続いて9月に0・5％に引き下げられたが、それは阪神淡路大震災と超円高、金融不安で日本経済が著しく悪化した後であった。

1995年9月以降、政策金利がほぼゼロになったことから、日銀内では、もはや金融政策は限界に達し、これ以上できることはないという意見が優勢になった。1997年には日本経済は金融危機と消費税増税の影響でマイナス成長に陥る深刻な事態となったが、日銀は金融危機への対応は行ったものの、いっそうの緩和措置の導入を翌年まで見送った。

Friedman [1997b] は、日銀の金融政策の失敗が低い名目利子率と金融緩和を同一視する1930年代のFRBとまったく同じ誤謬に由来していることに驚きと失望を隠さなかった。

「（1930年代の）FRBは金融緩和の証拠として低い利子率を挙げたが、貨幣には全く言及しなかった。〔松下〕日銀総裁は1997年6月27日の講演で、『金融政策の緩和的な姿勢』の証拠として1995年に日銀がとった『思いきった緩和措置』（引用者注：松下［1997］の発言）に言及したが、彼もまた貨幣には言及しなかった」。日銀の金融政策は公定歩合を見る限り一見大胆だが、実際は、貨幣量の成長率で判断すれば「小さすぎ、遅すぎた」のである。

Friedman[1968]が明らかにしたように、金融緩和と名目利子率の関係は長期と短期では異なるため、名目利子率に基づく判断は誤った政策につながりやすい。金融緩和の当初、確かに名目利子率は低下するが、この関係は短期的である。金融緩和で総需要が拡大すれば、実質所得の上昇で貨幣需要は増加する一方、インフレの進行で実質貨幣供給は減少するので、名目利子率への当初の影響は逆転する。さらに、金融緩和は予想インフレ率を高めるが、名目利子率は予想実質利子率と予想インフレ率で決まるから、名目利子率は最終的に金融緩和によってむしろ高くなるのである。事実、**図15**に示す通り、インフレ的な金融政策をとる国の名目利子率は高く、デフレ的な金融政策の下では名目利子率は一般に低い傾向がある。

「より急速な貨幣の成長は当初は実際、短期〔名目〕利子率を引き下げるが、経済が回復するにつれて、〔名目〕利子率は上昇し始める。これは標準的なパターンであり、なぜ金融政

7　三重野［1993］7-8頁

図15　OECD諸国の貨幣量と長期金利の関係（2018年）

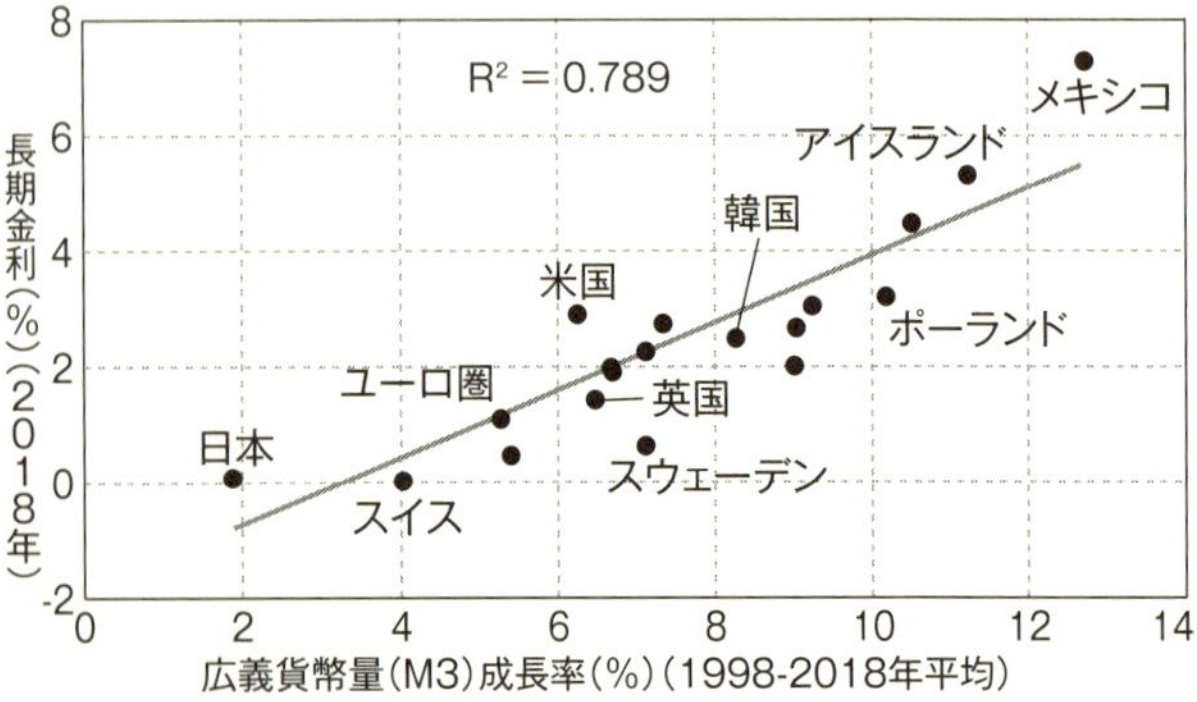

出所：ＯＥＣＤ
注：データの存在するＯＥＣＤ諸国（図５、６に同じ）のうち、外れ値であるトルコを除いたデータを使用。トルコを含めた場合、決定係数は0.9438である。

策を〔名目〕利子率で判断するのがきわめて誤りにつながりやすいかを説明するものである。

一般に、ちょうど日本のように低い〔名目〕利子率は、それまで金融引き締めが続いてきた印であり、高い〔名目〕利子率はそれまで金融緩和が続いてきた印である。

……大恐慌の間の米国の経験、１９７０年代のインフレと利子率の上昇と１９８０年代のディスインフレと利子率の低下の後、私は高い〔名目〕利子率と金融引き締めを同一視し、低い〔名目〕利子率と金融緩和を同一視する誤りは死んだと思っていた。どうも古い誤りは決して死なないようだ」[8]

フリードマンの指摘する通り、バブル崩壊以降の日本の名目利子率はきわめて低かったが、

図16　実質貸出約定平均金利の推移（1985-2019年）

出所：日本銀行、総務省
注：適応的期待形成を仮定し、貸出約定平均金利（短期、都市銀行）から消費者物価指数（食料とエネルギーを除く総合〈消費税増税調整済み〉）を引いたものを用いた。消費者物価指数は消費税導入時の1989年4月、消費税増税が行われた1997年4月、2014年4月について前月比上昇率を前月と翌月の値から線形補完したものを用いて消費税増税の影響を調整。

それは日銀のデフレ的金融政策の結果であり、金融緩和の証拠ではなかった。日本の実質利子率は１９９０－１９９２年の金融引き締めによる異常に高い水準からはたしかに下落したものの、１９９５年頃までバブル期（１９８７－１９８９年）と同水準の高い水準を維持し、その後もアベノミクスが始まった２０１３年頃まで高い水準を保っていた【図16】。

失われた20年の日本の金融政策は、歴史に学ぶことなく、大恐慌下のＦＲＢや１９７０年代のスタグフレーションを引き起こしたオールド・ケインジアンの金融政策と同じ過ちを繰り返したと言わざるをえないだろう。

貨幣の成長率を高めよ

フリードマンは、歴史的・国際的な視点から日本の経験を分析し、バブル崩壊後の日本と大恐慌下の米国との類似性を指摘し、1930年代の米国同様、1990年代の日本経済の停滞は貨幣的要因によるものであると診断する。日本のM2+CDは1982-1986年まで平均約8%で安定的に増加していたが、バブル崩壊後には約2%に低下してしまった。M2が3分の1も減少した大恐慌下の米国ほどではないにせよ、1990年代の日本のM2の増加率は歴史的に見て異常に低い水準である。1980年代の「黄金時代」と1990年代の「一見小さな(M2成長率の)量的な違いは健康な経済を病気にしてしまうに十分なものだったのである」。[9]

「日本は最近3年間、殆どゼロ%の経済成長を経験しているが、これはより劇的ではないものの、米国の大収縮の不気味な再現である。FRBは1929年から1933年まで貨幣が3分の1も減少するのを容認していた。ちょうど同じように、最近の日銀は貨幣量の成長率が低水準あるいはマイナスになるに任せている。貨幣の崩壊は米国の方が日本より遥かにひどかったが、米国で経済の崩壊が遥かに深刻だったのはそのためである。米国は貨幣の成長が回復すると同時に復活したが、日本も同じだろう」[10]
「健全な回復への最も確実な道は、貨幣量の成長率を高めることである。……日銀を擁護する人々はきっとこう言うに違いない。『どうやって貨幣を増やすのですか? 日銀は政策金利を0・5%に既に引き下げています。貨幣を増やすためにこれ以上何ができるのですか?』、と。答えは全く簡単である。日銀は公開市場で国債を買い、現金あるいは日銀当座預金、つまり経済学者がハイパワード・マネーと呼ぶものを支払うことができる。……日銀が望みさえすれば、貨幣供給を増やす能力に限界はない」[11]

フリードマンのデフレ予測の的中

フリードマンの提言は、現代的な言い方をすれば量的緩和の提案であり、日銀が2001－2006年に不十分ながら採用し、のちにリーマン・ショックに端を発する世界同時不況から脱却するために世界中の中央銀行が採用することになった政策にほかならない。当時の日本のようにデフレが予想される状況、すなわち、貨幣の予想収益率が高い状況では貨幣需

8・9・10・11　Friedman[1997b]

要は通常より増大すると考えられるので、[12]日銀はいっそう積極的に行動する必要があったはずである。

だがこの時点では、日銀は名目利子率の安定を重視し、ハイパワード・マネーは金融機関の需要に応じて受動的に供給されるもので、ハイパワード・マネーをコントロールするのは現実的ではないなどとして、フリードマンの提言にはまったく耳を傾けようとはしなかった。

岩田［1992］が指摘するように、こうした「日銀理論」に基づく受動的金融政策は、景気を不安定化させる効果を持つ。なぜなら、名目利子率を安定させるためには、景気が過熱した場合にはハイパワード・マネーを増やして景気をいっそう過熱させ、景気が失速した場合には、名目利子率が資金需要の減少を反映して下落するのを防ぐためにハイパワード・マネーを削減し、景気を一層悪化させる必要があるからである。

フリードマンは「現在、デフレーションになる可能性がある国があるとすれば、それは日本だ」[13]と警告、速やかな対応を促したが、日銀の反応は鈍かった。日銀は1999年2月にはようやく政策金利（無担保オーバーナイト・コール・レート）を0・25％に引き下げるゼロ金利政策を採用したが、その頃にはすでに物価は下落し始めていた。金融政策の度重なる失敗の結果、日本はとうとう大恐慌以来初めてデフレに陥った国になってしまった。

「流動性の罠」論の誤謬

しかし、デフレの原因をめぐっては、もともと学界のマネタリストの影響がきわめて弱かった日本では、金融政策の責任を問う声は少数派で、メディアだけでなく、経済学者の間でも「現在日本で起きている物価下落は……実物的要因によって引き起こされているのであって、貨幣的問題ではない」[14]（野口悠紀雄・青山学院大学教授〈当時〉）とする意見が支配的だった。岩田［２００１］は、Friedman[1974]を引用し、１９９０年代以降の日本のデフレの原因を個別商品の相対価格下落に求める議論を批判していたが、ほとんど孤立無援であった。[15]

デフレ発生後も、日銀は相変わらず名目利子率にこだわった。速水総裁はゼロ金利を「異

12 Friedman[1999a]
13 Friedman[1997c]
14 日高編［２００３］96頁
15 岩田［２００１］１２３頁

常な金利」と見なし、低金利が「モラルハザード」、構造改革の遅れにつながる[16]として、２０００年8月には、デフレの継続にもかかわらず、ゼロ金利解除を強行するなど迷走を続けた。メディアの多くは、「金利ゼロのもとでは、借りる側の倫理観は著しく低下せざるを得ない。……日本経済にとって緊急の課題である構造改革の遅れも超低金利政策に起因するところが大きい」（「［社説］日銀短観　早急に『ゼロ金利』解除を」『毎日新聞』東京朝刊、２０００年4月4日）等と利上げを支持していた。デフレ下では、政策金利がゼロでも実質利子率はデフレの分高くなるが、名目と実質は相変わらず混同され続けた。

　本来、どのような政策が望ましいかはその時々の経済情勢に応じて判断されるべきものだが、当時のゼロ金利反対論はほとんど道徳的な調子を帯びた原則的な反対論であり、経済学的な根拠を欠いていた。速水総裁らのゼロ金利「モラルハザード」論は、たんに低い名目金利で借り入れができることを指すにすぎない。モラルハザードとは、契約相手が契約後の自分の行動を観察できない場合に、契約の意図に反し、契約相手の負担になる方法で自分の利益を図る行動をとる現象を指す。ゼロ金利下の支払い金利は契約時点で双方が合意した金利であり、経済学的意味でのモラルハザードはまったく起きていない。しかも、デフレ下では名目金利がゼロでも、実質金利はデフレ率の分だけ高いのだから、名目金利ゼロを問題にする根拠はまったくないのである。

ゼロ金利が「借りる側の倫理観を著しく低下させる」といった議論に至っては、何を問題にしているのかさえわからない始末である。論説委員の意見では、読者が友人に利子をつけずにお金を貸したとすると、読者はその友人を堕落させることになる（！）。これは「貸し手が利子を取るのは自然に反し倫理的ではない」といった昔の神学者の議論とはちょうど正反対だが、根拠のなさでは五十歩百歩である。

ゼロ金利解除の明白な失敗の後も、学界でもメディアでも日銀への批判が高まることはなかった。日銀関係者や経済学者の間では「デフレを解決してくれと言う前にデフレが続くかもしれないという前提で行動すべきだ」[17]（香西泰・日本経済研究センター会長〈当時〉）、デフレ脱却には「一人一人の前向きで主体的な行動が必要」[18]（福井俊彦・富士通総研経済研究所理事長〈当時〉）等、失敗の責任を民間に転嫁する論調さえ見られた。要約すれば「諦めよ、さ

16 速水［2000a、b］
17 日高編［2003］66頁
18 日高編［2003］274、276頁
19 日高編［2003］264頁

らば道は開かれん」[19]（池尾《いけお》和人《かずひと》・慶應義塾大学教授）というのが彼らの見解だった。

政策金利がゼロになると、日銀だけでなく、内外の多くの経済学者が「流動性の罠」を根拠に金融緩和の限界を主張するようになった。たとえば、サミュエルソンは「短期金利がゼロ％になったとき中央銀行はその影響力の大半を失う」とし、「流動性の罠に陥った時、……財政政策を発動する以外に方法はない」と述べている。[20]「流動性の罠」という言葉は、金融政策の思考停止をもたらす呪文のようなものだった。小宮隆太郎氏、鈴木淑夫氏や吉野俊彦氏ら以前の貨幣重視派の大部分もこの頃にはデフレ容認、金融政策無効論に転じていた。[21]

　これに対し、フリードマンは流動性の罠には実証的根拠がなく、日本の状況を流動性の罠と見なすのは不適切だと指摘、量的緩和によるデフレ克服を訴えた。

「古典的な流動性の罠は知的創造物であり、観察された現象ではない。現在、いわゆる流動性の罠の条件を満たす実例はないし、私の意見では未だかつてなかった。ケインズ自身、流動性の罠と呼ばれるようになったものについて、明らかに、それは『将来重要になるかもしれないが』、『これまで実例を知らない』（Keynes1936, 207）〝極端なケース〟だと考えていた。……［大恐慌同様］今日の日本の状況も流動性の罠ではない。現状は、日本がデフレのさなかに、日銀が貨幣の成長を低水準に抑え続けているという状況である。従って、低い名目利子率は高い実質利子率を意味する。……日銀が過去5－6年、貨幣を成長させ続けていたならば、日本が今日深刻な不況に直面することはなかっただろう」[22]

本来、ケインズが「流動性の罠」と呼んだのは長期債券金利が低く、それ以上は下がらないと予想される状況であり、当時の日本を流動性の罠と見なすのは不適切である。銀行貸出金利や社債金利は言うまでもなく、様々な資産には依然としてプラスの金利がついていた以上、流動性の罠に基づく金融政策限界論には根拠がなかったと言える。実際、岩田［2000］が指摘したように、ケインズ自身、流動性の罠は、中央銀行が短期利子率の操作に専念する誤った金融政策に原因があると考え、大胆な金融政策が流動性の罠の下でも有効であることを指摘していた。[23] フリードマンのケインズ理解はその点でケインジアンを自称する人々よりもはるかに的確だったのである。

20 日高編［2003］198、197頁
21 たとえば、小宮［2000］、吉野［2001］、鈴木［2003］を参照。
22 Friedman and Meltzer et al.[1998]
23 Keynes[1936], p.203

フリードマンは無論、景気後退や不良債権問題による金融機関の機能不全が貨幣量に影響することを認めていたが、だからこそ日銀はそれらの影響を上回る金融緩和を実施する義務があるのだと議論したのである。[24]金融政策の効果はハイパワード・マネーの拡大が経済主体の資産・負債の構成を変化させ、債券に限らず、地価や株価など様々な資産価格に影響を及ぼすことにより発揮される。たとえ短期金利がゼロでも、長期国債のような貨幣と完全代替でない資産が存在する限り、それらの資産を購入することで、ハイパワード・マネーの拡大は生産と物価に影響を与えることができるのである。[25]フリードマンが友人のマネタリスト、ヘッツェル宛ての2003年4月15日の書簡で述べているように、中央銀行のマネー・ファイナンス（＝ヘリコプター・マネー）と量的緩和の効果はほぼ同等であり、資産のポートフォリオ・リバランスはゼロ金利下でも効果を発揮する。[26]

フリードマンの量的緩和論

日本のデフレが深刻化するなか、フリードマンは西山立教大学教授（当時）や中原伸之・日銀審議委員（当時）ら、日本の研究者・政策担当者とも連絡をとり、日銀の金融政策の転換を訴え続けた。1970年代同様、今回もフリードマンの提言は、時間がかかりはしたものの、やがて日本の金融政策の大転換を促す一因となった。西山［２００６］は、晩年のフリードマンについて、「95年ごろからの約10年間は、デフレ経済が続いた日本の状況に対し、『日銀はマネーサプライを増やすべきだ』と私にしばしば電話してきた」と回想している。

中原審議委員は、日銀内で金融政策限界論が支配的な中、ただ一人、執行部の姿勢に疑問を持ち、大胆な金融緩和でデフレ不況を終わらせるべきだと提案し続けた異色の経歴の持ち主である。ゼロ金利政策や量的緩和の採用をはじめ、中原審議委員の提案は当初執行部の反対で否決されたものの、大多数の提案がその後遅ればせながら執行部からも支持され実現に至っている。当時の金融政策の「中原先行パターン」に関しては、安達［２００３］、藤井［２００４］等の優れた研究が指摘する通りだが、中原審議委員の先見の明は特筆すべきものがある。

中原審議委員が自身の提案を考えていく上で協力を求めたグループの一つは、旧知の間柄だった三和総合研究所投資調査部長（当時）の嶋中雄二氏を中心とするエコノミストだった。

24　フリードマン［２００２、２００３］
25　Friedman[2000a], p.421
26　Hetzel[2003],p.37

嶋中氏は西山立教大学教授と親交があり、マネタリズムから強い影響を受けていた。スタンフォード大学フーバー研究所客員研究員を務めた際には、西山氏の紹介でフリードマンとも会っている。前述したように、平成不況到来をいち早く予想したのも嶋中［1990］だった。中原審議委員のブレーンの多くは嶋中氏をはじめ、日本では珍しいマネタリスト的な経済学者だった。

2000年6月初め、速水総裁ら執行部がデフレ下にもかかわらずゼロ金利解除を検討しつつあるなか、中原審議委員はフリードマンと連絡を取り、日本の金融政策について助言を求めている。[27] 中原氏の回想によると、フリードマンとのやり取りで主に問題になったのは、量的緩和の是非と日銀の独立性に関係するものであったという。

フリードマンはハイパワード・マネーを増やしM2＋CDの底割れを防ぐべきだとし、中原審議委員の量的緩和案を支持した。[28] 具体的目標として、フリードマンはM2成長率を少なくとも5％以上に引き上げるべきだと考えていた。[29] 実際、日本の実質経済成長率と貨幣の流通速度の趨勢から考えて、物価安定をもたらすM2の長期的な増加率は5％程度だと考えられる。

フリードマンは中原審議委員の姿勢を強く支持し、次のように述べている。

「日銀のなすべきことはM2＋CDの拡大ペースが速まるように量的緩和を実施することなのだ。……日銀政策委員会でこの原理がわかっているのはただ一人……中原審議委員……のみだ。彼の意見が少数派であることこそ、政策委員会の誤りを意味する。少数派だからといって、彼の考えが間違っているわけではない」[30]

実際、日銀内でこそ孤立していたが、中原審議委員の主張は、フリードマンの大恐慌研究以後のマクロ経済学の常識に沿ったものである。中原氏は、マッカラム、メルツァー、クルーグマン、スヴェンソンといった海外の有力な経済学者とも連絡を取り合っていたが、当時は彼らの多くもまたマネタリスト的な処方箋を強く支持していたのである。

中原［2006］は、「中央銀行の独立性」を根拠に説明責任を果たさず、政策目標も明示しない当時の速水総裁の姿勢に批判的だったが[31]、こうした政策観はフリードマンに近いも

27 中原［2006］116頁
28 中原［2006］178頁
29 Friedman and Aoki[2000], フリードマン［1998、2003］
30 フリードマン［2002］9-10頁
31 中原［2006］131頁

のである。中原氏の中央銀行の独立性に関する質問に対し、フリードマンからの返事は「中央銀行の独立性は業績によって支えられなければならない」という明快なものであった[32]。

２０００年８月には、速水総裁は政府の反対にもかかわらず、ゼロ金利解除を強行した。中原審議委員はゼロ金利解除に反対したが、孤立無援だった。当時のメディアは、政府の日銀批判は日銀の独立性への侵害であるとする政府批判一色で、日銀の決定自体の妥当性はほとんど問題にされなかった。まだデフレが続いていた当時、日銀の決定の無謀さは明らだった。実際、その後デフレ不況は深刻化したが、政府に反対してまで強行した政策の失敗の責任を取った者は誰一人いなかった。

フリードマンは、中央銀行が政策目標を政府から独立に決め、外部の批判を受け付けない体制は非民主的で、経済的にも失敗をもたらしがちだと主張してきた[33]。１９９０年代から２０００年代の日銀の迷走はフリードマンの主張を裏書きしているように思われる。

ゼロ金利解除後、日本経済はマイナス成長に陥り、不良債権問題の深刻化、デフレスパイラルの懸念が高まった。２００１年に入ると、デフレ不況の深刻化で日銀執行部もそれまで拒絶していた中原提案をようやく真剣に検討するようになった。２００１年３月19日、ついに日銀は量的緩和の開始を決断する。当初の目標は日銀当座預金残高を５兆円程度まで増やすことに置かれた。

「日銀はマネーサプライより金利水準に固執し過ぎた。日本で言われるところの量的緩和への転換が遅すぎた。私自身が米経済紙にその必要性を指摘した論文を投稿したのは今から3、4年前だ。私を含め、多くの専門家は量的緩和をとかねてから訴えてきた」[34]

フリードマンは政策転換の遅さに不満を述べつつも日銀の決断を歓迎、2002年には「日本経済の方向転換は目前だと思う」とまで述べている。[35] この予言はいささか楽観的に見えるが、実際は、フリードマンは金融政策の効果のラグを考慮し、日銀が量的緩和を長期にわたり着実に実施すべきことをはっきり認識していた。

「量的緩和をしても日本がインフレに見舞われる心配はない。何せ今はデフレ下にあるのだから。言い方を変えれば、デフレが終息し、物価が安定的あるいは、わずかに上昇するまで

32　鯨岡［2017］67頁
33　Freidman[1962], pp.44-51等を参照。
34　フリードマン［2002］9頁
35　Friedman[2002a, b]
36　フリードマン［2002］10頁、Friedman[2002a,2003b]も参照。

量的緩和を続ければよい、ということだ」[36]

これは、日銀が持続的に貨幣量の成長をもたらすようなハイパワード・マネーの供給を約束する、ルールに基づく金融政策と見なすことができる。Beckworth and Ruger [2010] が指摘するように、フリードマンの提案は日銀に「より高い貨幣量の成長率へのコミットメント」を求めたものであると言ってもよいだろう。

日銀による不完全な量的緩和の採用

残念ながら、このときの日銀の政策転換は、不完全なものに終わってしまった。量的緩和の対象となった国債は、主として満期の短いものに限られ、Friedman [2000a] が求めてきたような長期国債ではなかった。量的緩和期に日銀の購入した長期国債の大部分は残存期間1年以下の事実上の短期国債に過ぎず、残存期間1年以上の長期国債の割合は、わずか7・9%である。[37] 短期国債はゼロ金利下では貨幣との代替性が高いため、マネタリスト的なポートフォリオ・リバランス効果が働く余地は限定されてしまう。

政策手段の転換にもかかわらず、量的緩和に対する当時の日銀の認識は、「金利が確実にゼロになるような量を出すのだからゼロ金利と同じ」（2003年の武富将《たけとみすすむ》・元審議委員の発言）[38]というもので、旧態依然たる短期金利中心の政策思想はまったく変わっていなかった。事実、量的緩和下での当初の日銀当座預金残高目標の5兆円という数字はゼロ金利政策時代の平均と同じだったのである。[39]

たしかに量的緩和期に日銀当座預金は急増したが、これは日銀の決定の結果というより、米国の9・11テロや金融不安等による金融機関側の日銀当座預金需要の増加に受動的に対応した結果にすぎない。たとえば、2001年9月には当座預金残高は目標（6兆円）を2兆円も上回っているが、これは日銀が米国の2001年9月11日同時多発テロ事件による流動性需要の高まりに対応したためである。また、2002年3月－4月にもペイオフ解禁を前にした流動性需要の高まりに応じ、目標を大幅に上回る資金供給が行われている。

当時の日銀は「当座預金残高目標……にかかわらず、流動性需要の増大に応じ、一層潤沢な資金供給を行う」ことを表明しており（日本銀行「本日の措置について」2002年2月28

37　中澤・吉川［2011］
38　藤井［2004］208頁
39　ゼロ金利政策時代の日銀当座預金残高は、2000年問題で準備需要が急増した1999年2月―2000年1月を除けば5兆597億円になる。

図17　量的緩和前後の日銀当座預金残高の推移（1999-2006年）

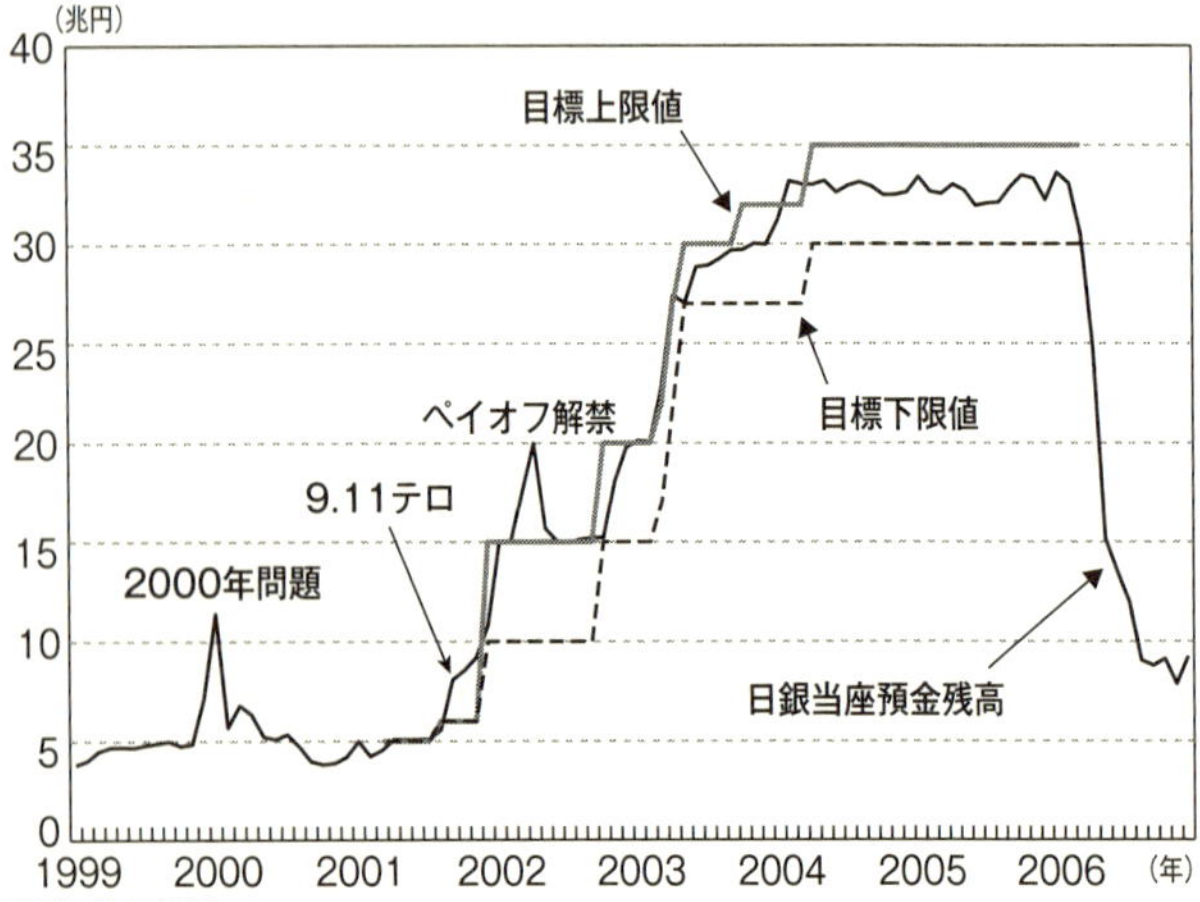

出所：日本銀行

日公表資料）、事実、日銀当座預金残高は2002年頃まで目標の上限を大きく超えている【図17】。当時の深刻な金融不安を考慮すれば、日銀の措置は必ずしも積極的なものだったとは評価できないだろう。

少なくとも福井総裁就任以前までは、当座預金残高目標の引き上げは流動性需要増大で金利上昇懸念が高まったことに対応したものであり、「日銀は、市場のオーバーナイト・コール・レートがゼロになる際の準備需要の予測値と等しくなるような準備目標を設定することで、利子率に基づく政策手続きを使い続けていた」[40]と言える。準備目標は市場の流動性需要で決定され、日銀自身の積極的な政策展開はほとんど見られなかった。

日銀首脳は量的緩和に否定的な発言を続け、貨幣量やインフレ率の制度的な保証を持つ目標値を公表しなかったため、日銀の政策がいつまで続くか、時期尚早な段階で解除されてしまう心配がないかどうかは、不透明なままだった。Friedman [2003b] は、小泉内閣の量的緩和と金融システム再建への努力を支持し、この方針を十分長く続ければ日本経済の未来は明るいとする一方、経済の回復には5－10年を要すると想定していた。量的緩和をそれ以前に打ち切ってしまえば、デフレ脱却は頓挫してしまいかねない。煮え切らない姿勢の日銀に対し、フリードマンは2003年1月のインタビューでさらなる量的緩和の必要を指摘し、日銀内に根強かった金融緩和限界論を強く批判している。

「問題は金融政策にある。日銀は金利をゼロに下げてから、事実上機能を止めてしまった。国債等を市場で買う手段があるにもかかわらず経済全体にマネーが行き渡るような政策をとっていない。……量的緩和はやっているが、十分とは言えない。量的緩和のゴールはマネーサプライの伸びを高めることだ。それは日本経済が活力を取り戻すための条件でもある」[41]

その後、福井総裁の下で日銀は徐々に量的緩和の規模を拡大、日銀当座預金残高目標を最

40　Hetzel[2003],p.23
41　フリードマン［2003］

終的には30−35兆円程度まで引き上げる等、依然問題はあるものの、大きな前進を果たした。量的緩和は株価や為替等の資産価格や予想インフレ率への影響を通じて景気回復に寄与し、2002年以降、日本経済は2007年まで息の長い景気拡大を続けた。貨幣量に関しては、M2はほとんど増加しなかったが、広義流動性は2007年まで順調に回復した。

藤井［2004］等が指摘するように、福井総裁は就任当初は速水前総裁に比べ積極的な姿勢をとり、デフレ脱却手前まで日本経済を回復させた点で、任期前半は高く評価できよう。量的緩和は、理想的な形では実施されなかったものの、資産価格へのポートフォリオ・リバランス効果と予想インフレ率への影響を通じ、日本経済の回復を支えたことが多くの実証研究により明らかにされている。[42]

だが、福井総裁も任期後半には量的緩和に消極的になり、2006年3月9日には物価が下げ止まり、景気回復が進展したことを根拠に、インフレ率が0％近傍にすぎないにもかかわらず、量的緩和を解除してしまった。その後まもなくフリードマンは死去したため、量的緩和解除についてフリードマンの公的な発言は残っていない。

とはいえ、量的緩和解除以降、ハイパワード・マネーを急激に縮小した結果、M2成長率は大きく低下し、M3や広義流動性の成長率はマイナスに低下した。株価をはじめ、資産価格の回復は2006年以降、陰りを見せ、2007年から日本経済は再び景気後退に突入、世界同時不況の影響もあり、2008-2009年には史上最悪のマイナス成長を経験した。結果的に量的緩和解除は失敗だったと言わざるをえない。日本経済はデフレ脱却の絶好のチャンスを逃してしまったのである。フリードマンがこの事態を目にしていたら、厳しい評価を下したことは疑いないだろう。

42 Honda et al. [2007], 原田・増島［2008］、岩田・原田［2013］

第10章 実証主義者としてのフリードマンの一貫性

「日本経済では多くの相互作用が非常にはっきりと浮かび上がる……魅力的なのはそれらの関係が米国で見られるのと同じであり、しかもはっきり現れることだ」[1]

――ミルトン・フリードマン

日米の対照的な経済成績

1960年代から2006年の死に至るまで、フリードマンにとって、日本経済は強い関心の対象だった。1980年代の日本の金融政策の成功は、フリードマンにk%ルールのような貨幣重視の金融政策の有効性を確信させ、大インフレの責任を否定し続けたFRBなどの中央銀行批判の強力な論拠を提供することとなったのである。フリードマンは、インフレに関して日本の例を模範的成功例として紹介し、貨幣の成長を変動が大きく高すぎる状態で放置しているFRBへの批判を繰り返した。[2]

反対に、1990年代の日本の失敗は、反面教師として、名目利子率重視の金融政策や財政政策中心の景気対策の誤りを示す実例として、つねに参照された。Friedman [1999a] は、1990年代の日米経済の好対照な成績を両者の金融財政政策の違いで説明できると考えていた。

日本がバブル崩壊後も緊縮的な金融政策を続け、あまり効果のない財政刺激策を繰り返したのに対し、米国は拡張的な金融政策で１９８０年代後半から１９９０年代初頭のＳ＆Ｌ金融危機を克服し、財政政策は小さな政府路線をとった。結果はマネタリストの予想通り、金融政策が決定的な役割を果たし、日米の対照的な経済成績につながったのである。

１９９０年代の米国は繁栄を謳歌し、ＩＴ革命やニューエコノミーがもてはやされたが、フリードマンはＩＴ革命やグローバル化が世界経済に好影響を与えると考えたものの[3]、米国を特別と見なす幻想とは無縁だった。１９９０年代の米国の生産性向上についても、１９８０年代のトヨタなどの日本企業との競争の影響を指摘するなど、冷静な見方をしていた[4]。

フリードマンは、日本の１９８０年代の経験を参考に、１９９７年頃からは米国の株式市場をバブルと断じ、警戒を呼び掛けるようになった。経済史を研究してきたフリードマンにとって、ＩＴブームと、１９２０年代の株式ブームや１９８０年代の日本のバブルとの類似

1　フリードマン・トービン［１９６６］4頁
2　Friedman[1982,1983a, b ,c, 1985]
3　フリードマン［１９９４］
4　Friedman and Aoki[2000]

性は明白だった。[5]

事実、新世紀に入るやニューエコノミーはあっけなく崩壊、識者の論調は悲観論一色となったが、今度もフリードマンは、大恐慌の米国、1990年代の日本との比較から、ITバブル崩壊後の米国の早期回復を的確に予想することができた。[6] 1990年代の日銀とは異なり、FRBは積極的にハイパワード・マネーを供給し、高いM2成長率を維持し、大恐慌や1990年代の日本の二の舞を避けることができたのである。ITバブル崩壊後の米国の景気後退は当初予想されたよりもはるかに短く、軽微なものに終わった。当時は深刻な不況の懸念から、財政拡大を求める論調が盛んになったが、フリードマンは、やはり1990年代の日本の失敗を例に、財政面の景気対策は不要だと主張している。[7]

日本異質論者やニューエコノミー論者とは対照的に、フリードマンは短期の景気の問題と長期の構造問題を注意深く区別し、一時的な景気を理由にある国を過大評価あるいは過小評価する誤りに陥ることはなかった。むしろ日米の経済の比較からフリードマンは、その時々の状況に応じ、適切な処方箋を示すことができたのである。

時事的な評論とは別に、最晩年のフリードマンは、1920年代の米国と1980年代の日本、1990年代の米国のバブルの類似性に強い関心を持つようになっていた。[8] 遺作となった論説（Friedman 2006）もこれら3つのバブルとその崩壊後の金融政策の役割に焦点を当てたものである。Friedman[2006]は、どのケースでも技術革新の進展に伴う過度に楽観的な予測がバブルを引き起こしたと分析し、貨幣量の変化の比較から、バブル崩壊後の金融政策の違いがその後の経済の明暗を分けると指摘し、安定した金融政策の重要性を訴えている。

景気後退後の貨幣量の推移を比較すると、大恐慌期の米国では貨幣量が減少し、1990年代のバブル崩壊後の日本では停滞したが、ITバブル崩壊後の米国では順調に増加した【図18】。こうした金融政策の違いはバブル崩壊後の名目GDPや資産価格の回復の違いに明確に表れており、貨幣量の安定が経済の安定にいかに重要かを物語っている【図19、20】。

これはきわめて簡潔な論文ではあるが、様々な歴史的、国際的な自然実験の分析から、金融政策の重要性を解明してきたフリードマンの生涯の終わりを飾るに相応しいものである。

5 Friedman[1997c, 1998a,1999b]
6 Friedman[2000b], フリードマン［２００２］
7 Friedman[2000b]
8 Friedman[2005]

図18　貨幣量(M2)の推移

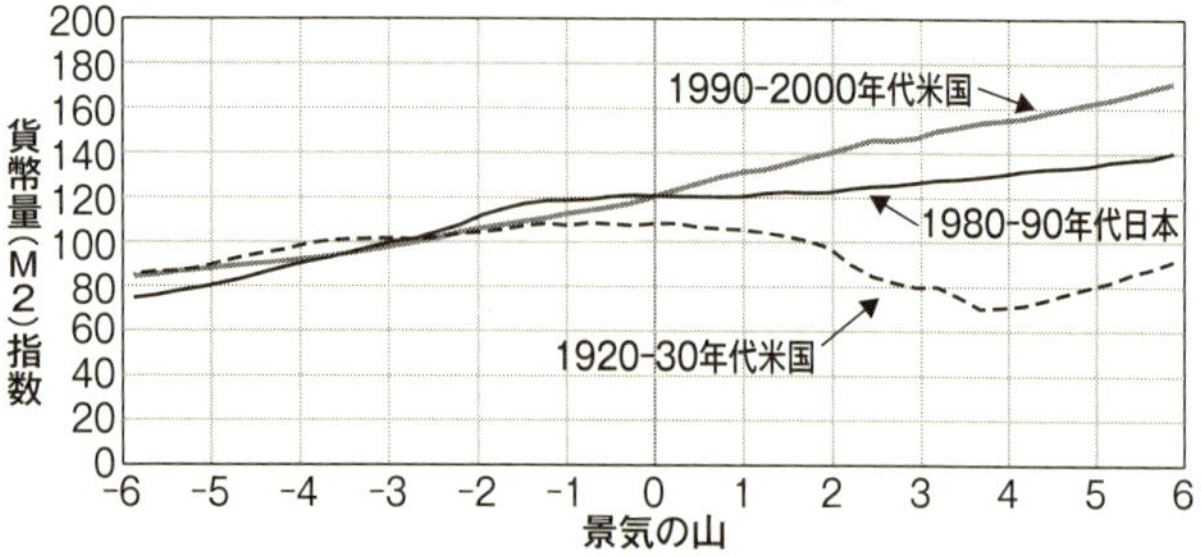

図19　名目GDPの推移

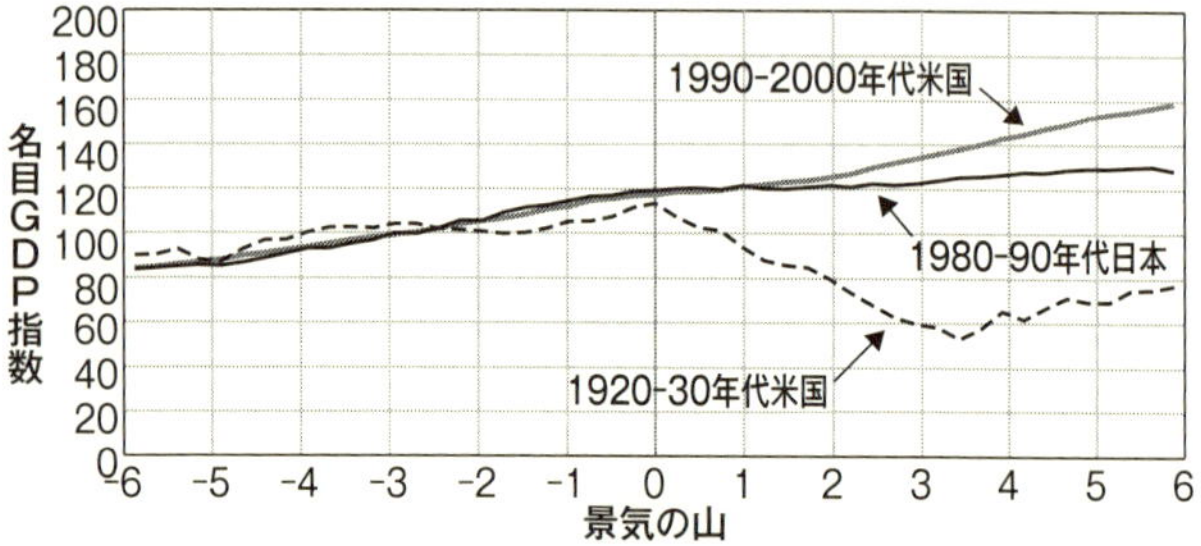

図20　資産価格の推移

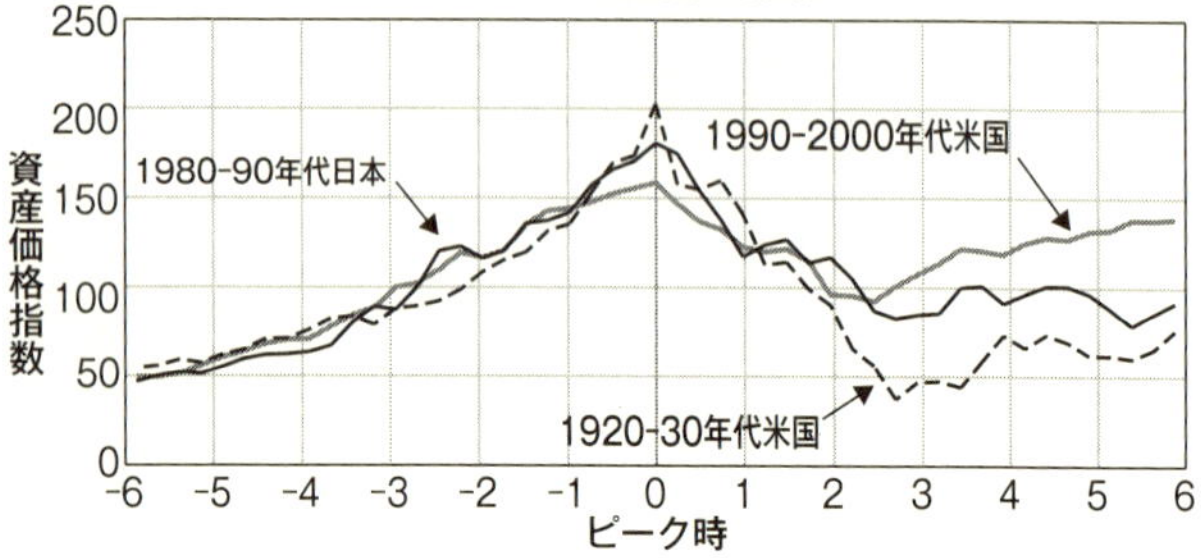

出所：Friedman[2006]

注：貨幣量、名目GDP、資産価格は四半期のデータ。名目GDP、貨幣量は景気の山までの6年間の平均を100とする指数。資産価格はピーク時までの6年間の平均を100とする指数(詳しくはFriedman[2006]参照)。

フリードマンにとって、日本はたんに興味ある経済大国だっただけでなく、彼自身の理論の真価を試す試金石であり、新たな洞察を得る源泉でもあったのである。

第11章　フリードマンの遺産

「私は、QE（量的緩和）を基本的なマネタリストの原理に基づくものだと考えている。つまり、これはフリードマンとシュウォーツが論じた考え方なのだが、流動的な資産と非流動的な資産を交換することで経済を刺激できる方法があるのである。これこそ基本的に公開市場操作がやっていることなのだ」[1]

——ベン・バーナンキ

バーナンキのFRBはマネタリズムの原理を採用してデフレを回避

「ミルトンとアンナに申し上げたい。大恐慌についてです。あなた方は正しく、FRBは間違っていました。大恐慌を引き起こしたのはFRBでした。非常に申し訳なく思っています。しかし、あなた方のおかげでFRBは二度と大恐慌を起こしはしないでしょう」[2]

フリードマンの90歳の誕生日を祝う席で、のちにFRB議長となるバーナンキFRB理事（当時）はフリードマンの業績を称えた演説をこう締めくくった。当時はITバブル崩壊の混乱の中、米国でもデフレが懸念されていたが、バーナンキは中央銀行の物価安定への責任を明言し、デフレを防ぐことを誓ったのである。デフレの責任を認めまいとしていた当時の日銀とは対照的なバーナンキの姿勢にフリードマンも安堵したことだろう。

2006年のフリードマンの死から間もなく、サブプライムローン問題に端を発する米国の金融危機で世界経済は深刻な不況に見舞われた。政策金利は２００８年12月には事実上ゼロになったが、フリードマンの教えは生きていた。バーナンキＦＲＢ議長（当時）は、金融政策限界論に従うことを拒み、２００９年3月には長期国債やＭＢＳ（不動産担保証券）の大規模購入による量的緩和を決定した。量的緩和はバーナンキ自身も述べる通り、「流動的な資産と非流動的な資産を交換することで経済を刺激できる」[3]というマネタリズムの原理に基づいた政策である。

フリードマンの愛弟子のロバート・ルーカス・シカゴ大学教授は、『ウォール・ストリート・ジャーナル』に寄稿した論説で、大恐慌期のＦＲＢや１９９０年代の日銀の先例を破ったバーナンキの決定を称賛、〝唯一の利子率〟など存在せず、正の金利を持つ貨幣と非代替的な様々な資産がある以上、政策金利がゼロでも、ＦＲＢが経済を刺激する方法はいくらでもあると指摘している。[4]フリードマンが生きていたらまさに同じことを書いたに違いない。

1　Berkowitz[2014]のバーナンキの発言。
2　Bernanke[2002]
3　Berkowitz[2014]のバーナンキの発言。
4　Lucas[2008]

一部の懐疑的な見方にもかかわらず、大胆な量的緩和は今回も明確な効果を発揮した。長期国債買い入れにより株価は回復に転じ【図21】、貨幣量は大恐慌とは対照的に急速に増加した【図22】。「長期的なインフレ率は主として金融政策によって決定される」（FOMC 2012）という宣言通り、FRBは物価安定に見事な成功を収めた【図23】。米国の鉱工業生産指数はリーマン・ショック後急速に下落し、一時は大恐慌の二の舞になるかに見えたが、米国はFRBの大胆な量的緩和で危機をいち早く克服、デフレ不況回避に成功したのである【図24】。

バーナンキは当時の対応を振り返り、「私はフリードマンの後に従っているのだ。私はフリードマンが〔金融危機の時に〕私たちにやるように言っただろうことなら皆やったと思っている」[5]と総括している。バーナンキのFRBは歴史の教訓を生かした迅速な対応で第二の大恐慌を阻止し、フリードマンへの約束を果たしたと評価できよう。

なお、日本では、量的緩和の効果は理論的にまったくないことが「証明」されており、量的緩和は「偽薬」であると揶揄する意見があるが、理解に苦しむ誤解というほかない。Williams [2011] やGagnon [2016] が指摘する通り、量的緩和の研究の大半は量的緩和が米国経済回復に貢献し、大恐慌のようなデフレ不況を未然に阻止したと明確に結論している。フ

図21　長期国債買い切りオペと株価の回復(2008-2010年)

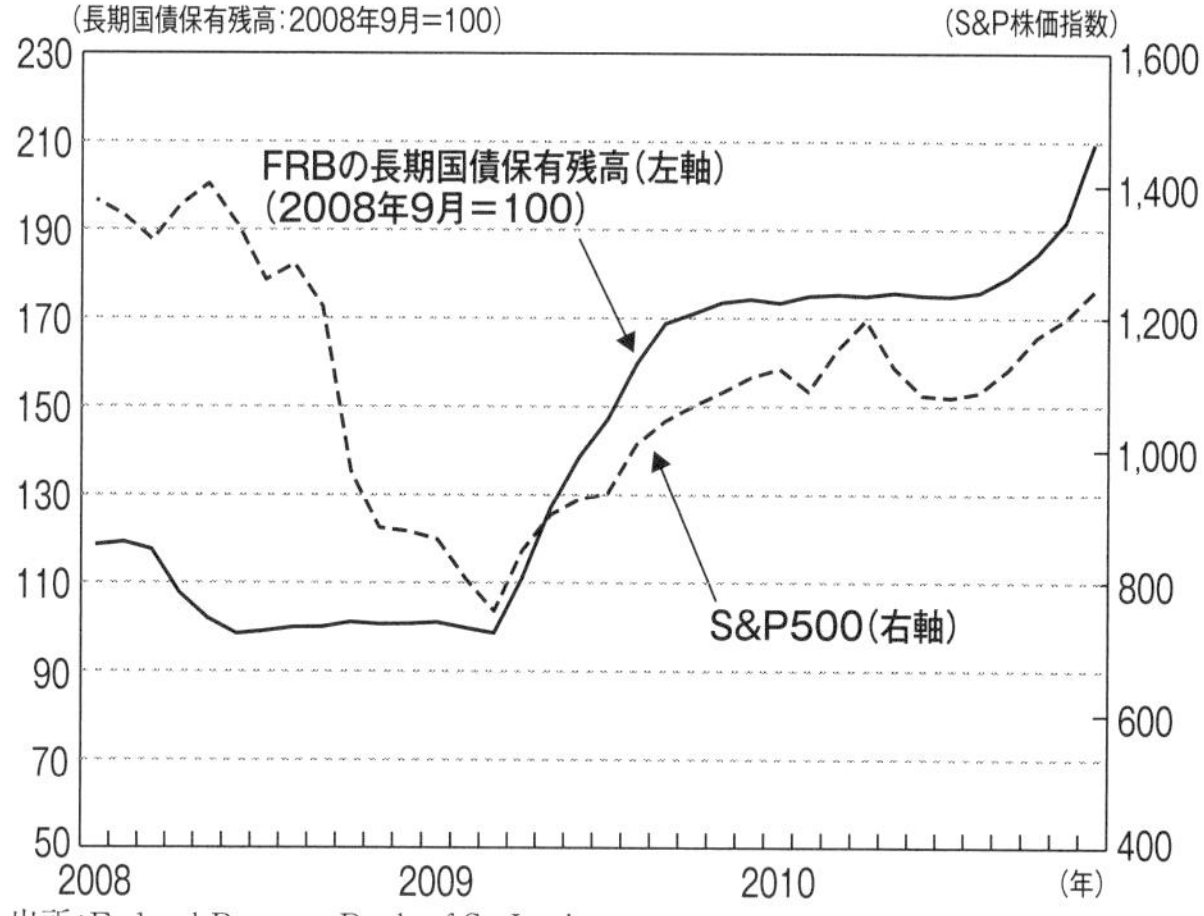

出所:Federal Reserve Bank of St. Louis

図22　貨幣量(M2)の推移

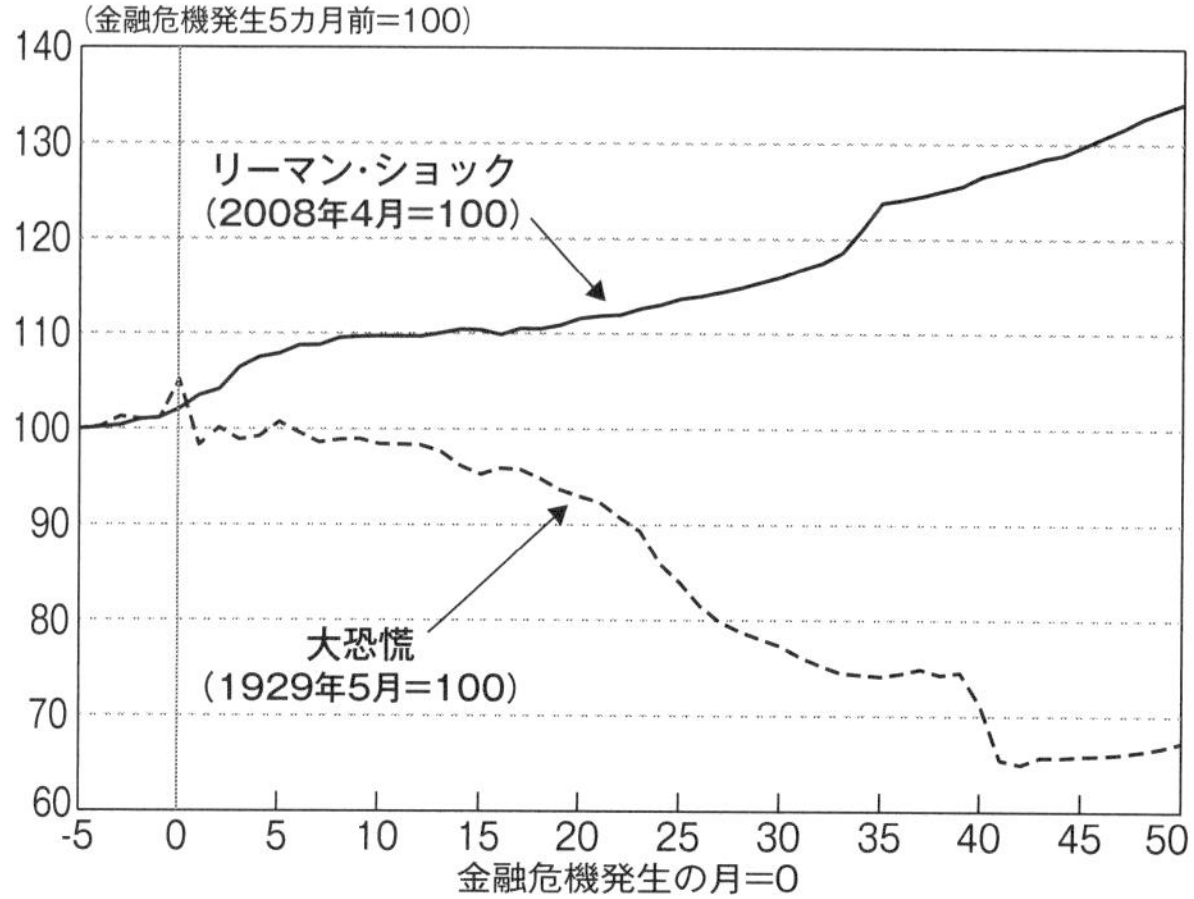

出所:Federal Reserve Bank of St. Louis

図23　消費者物価指数の推移

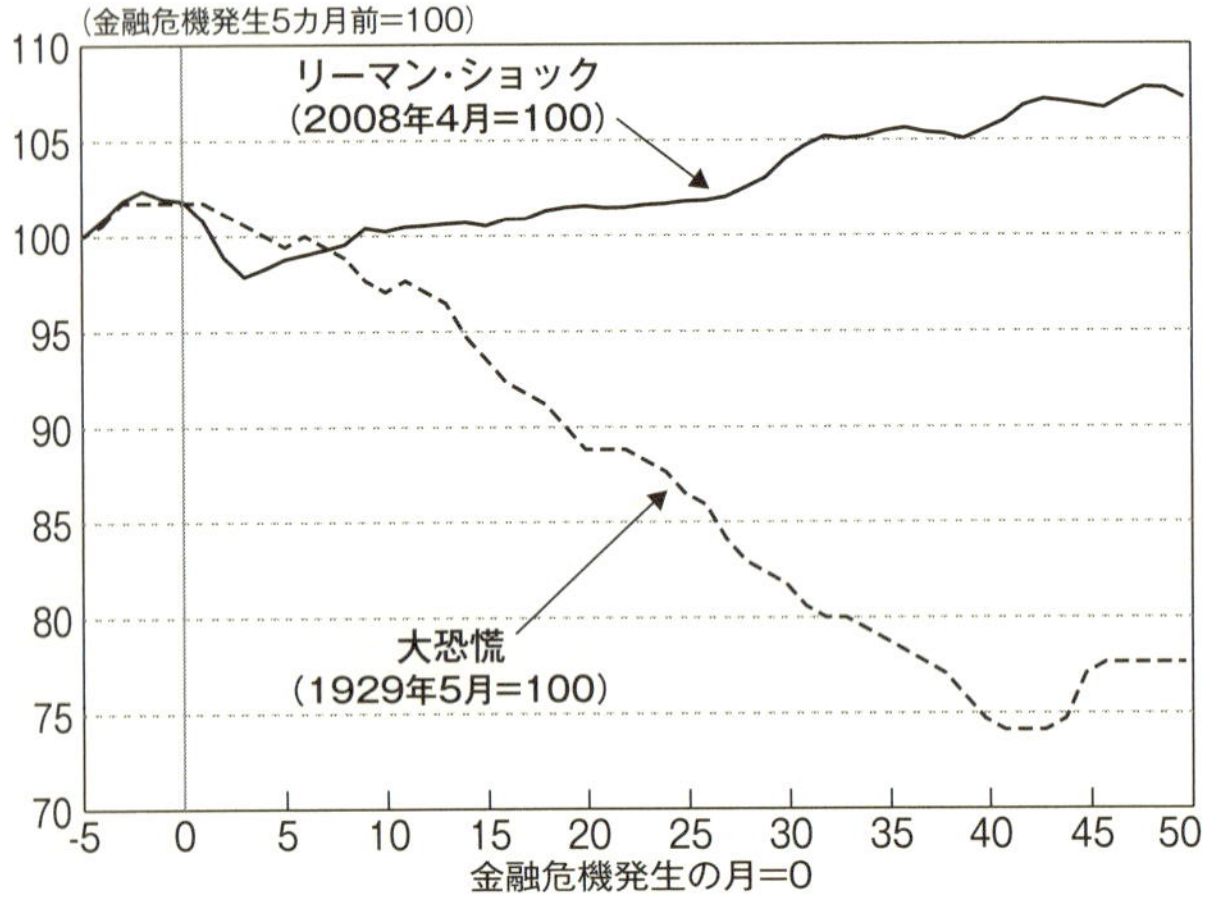

出所：Federal Reserve Bank of St. Louis

図24　米国鉱工業生産指数の推移

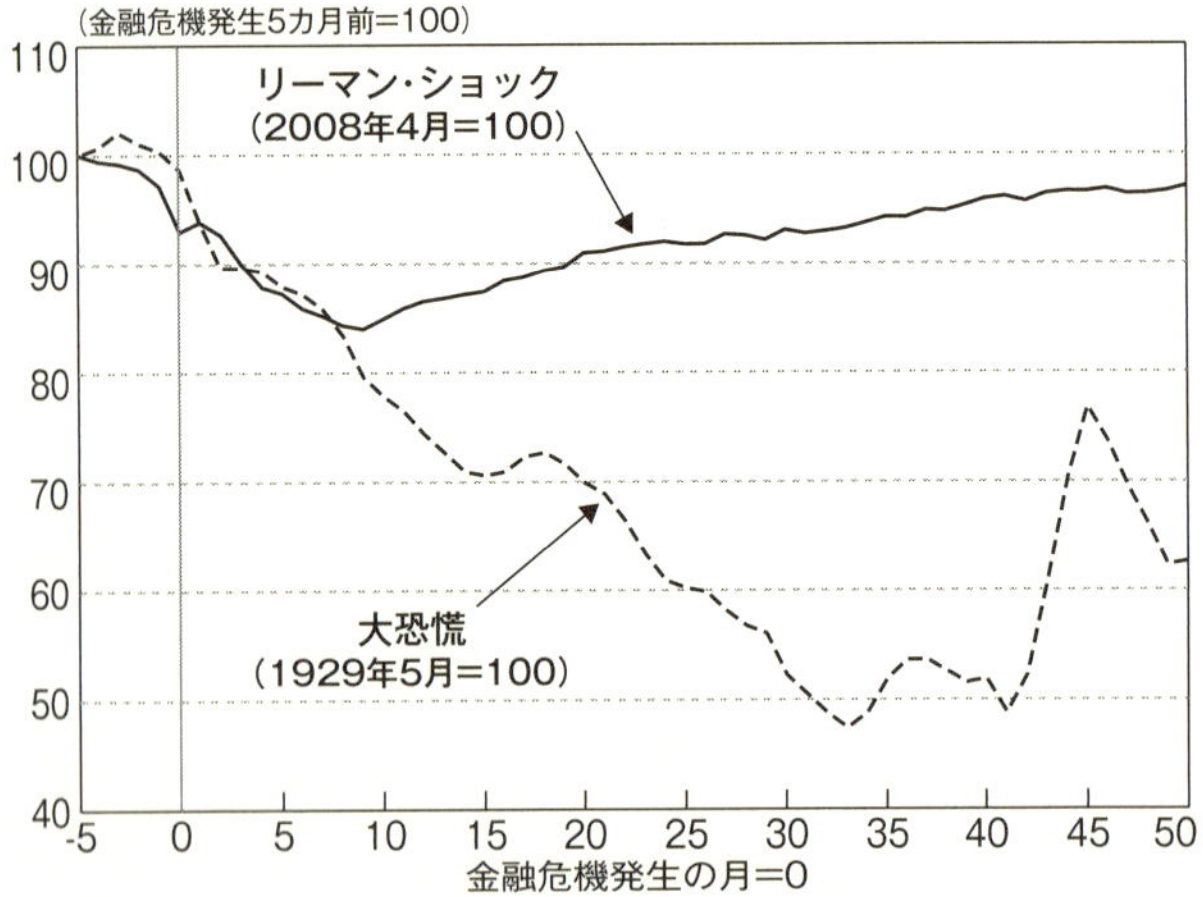

出所：Federal Reserve Bank of St. Louis

リードマンらが理論の上で示した量的緩和の効果が今回、現実にも確かめられたというのが一般的な評価である。Gagnon [2016] は、米国、英国、ユーロ圏、日本の量的緩和の様々な研究から、量的緩和は長期金利やGDPに明確な効果を与えており、量的緩和は金融危機直後だけでなく、平時の景気回復にも有効であることが明らかになったと述べている。

マネタリズムに基づいてバーナンキの金融危機対策を分析したNelson [2013] が指摘するように、リーマン・ショック後のFRBの行動は基本的にフリードマンの処方箋に沿ったものであり、大きな成功を収めたということができるのである。

アベノミクスによる大胆な金融政策の登場

これに対し、時期尚早な量的緩和解除でデフレ予想が高まり、すでに2007年から景気後退に突入していた日本経済は超円高と輸出の激減に直撃され、デフレは再び深刻化したが、当時の日銀は、相変わらず積極的な金融政策をとろうとはしなかった。当時の白川方明《しらかわまさあき》・日銀総裁は、かつてシカゴ大学でフリードマンの授業を聴講したこともあったが、デフ

5　Chan[2010]

図25　主要中央銀行の資産規模の推移（2008-2011年）

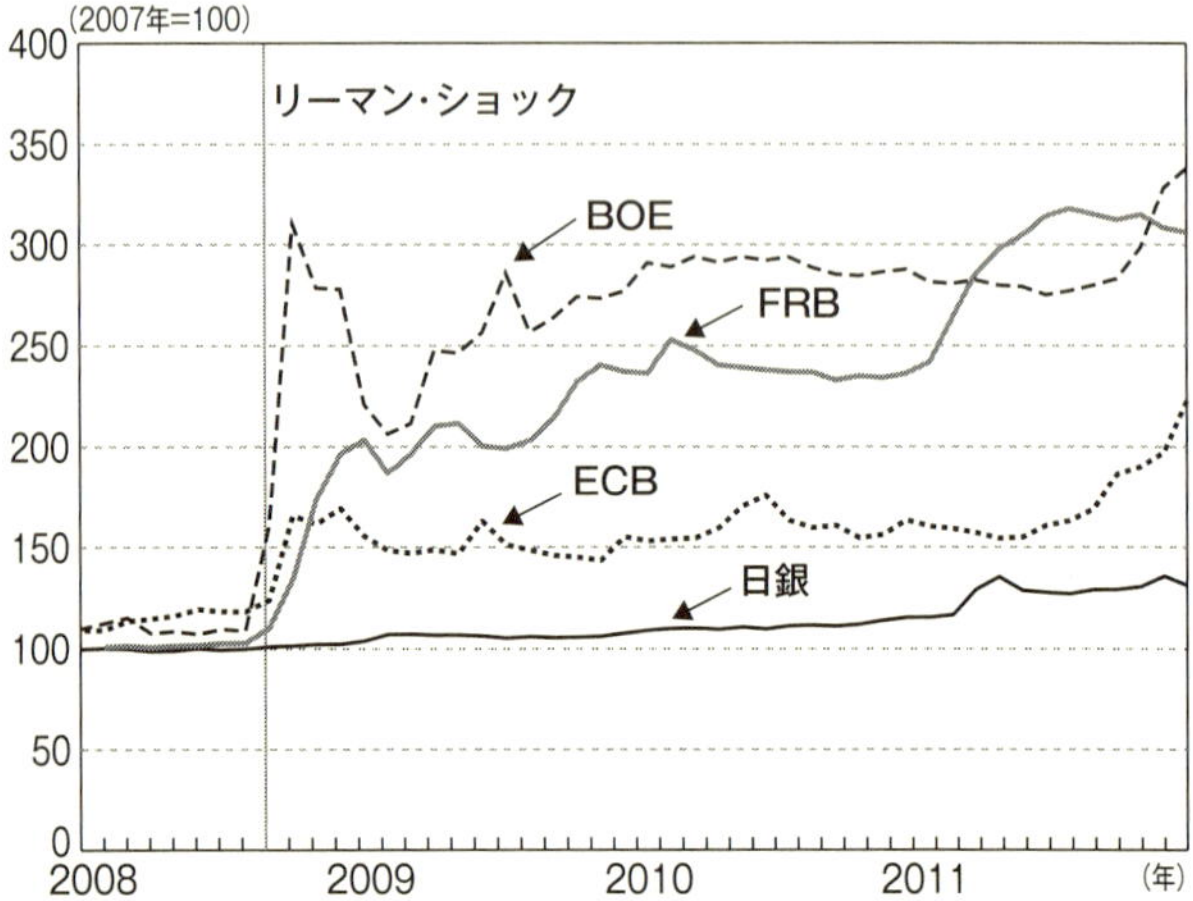

出所：Bank of England, Federal Reserve Board, European Central Bank、日本銀行

レは貨幣的現象ではないという信念の持ち主だった。[6]主要国の中銀が金融危機に際して大幅にバランスシートを拡大したのに対し、日銀の消極的姿勢は際立っていた【図25】。

２０１２年11月、自民党の安倍総裁が日銀に対し、２-３％のインフレを目指す大胆な金融政策を求めたとき、有識者の大多数はきわめて批判的だった。安倍総裁の主張は、日本経済に関する通念とは真っ向から衝突するものだったからである。

日本経済は、バブル崩壊以来、20年以上も続く停滞に喘ぎ、15年にわたるデフレは一向に収まる兆しを見せていなかった。日本は「どうしても……通貨が切りあがっていく運命」[7]（藻谷浩介・日本総合研究所調査部主席研究員）で、「日本経済は長い間人余りで、今後も人余りが続くだろう」[8]（小野善康・大阪大学教授〈当時〉）というのが支配的な見方だった。要するに、金融緩和による景気回復は「哲学的に言えば、存在論的に不可能」[9]（萱野稔人・津田塾大学准教授〈当時〉）だった。

ところが大方の見方に反して、安倍総裁の発言は、デフレ不況の終わりを告げる合図となった。２０１２年12月、民主党を大差で破り、政権に返り咲いた安倍首相の要請を受けた日銀はついに２％のインフレ目標を設定した。２０１３年3月には日銀の人事が一新され、新総裁に黒田東彦氏、副総裁に岩田規久男氏、中曾宏氏が就任した。

岩田氏は上智大学および学習院大学教授として、長年デフレ脱却のための金融緩和の必要性を訴え続けてきたリフレ派の中心的な存在である。岩田氏の業績について、浜田［２０１３］は次のように述べている。

「金融論が専門で、日銀のデフレ志向の金融政策を長年批判し続けてきたのが学習院大学の

6　Shirakawa[2011]
7　藻谷ほか［２０１３］67頁
8　藻谷ほか［２０１３］１９０頁
9　藻谷ほか［２０１３］２３５頁

岩田規久男教授である。私は徹底した貨幣重視の論調をいわば四面楚歌の中で続けてこられた岩田氏の忍耐強い姿勢には尊敬の念でいっぱいである。日本のミルトン・フリードマンが誰かと言えば、間違いなく彼だ」[10]

この評価には頷けるものがある。岩田前副総裁の立場は、金融政策のレジームの重視や財政政策や再分配政策への視点ではフリードマンと大きく異なるが、経済学を実際の問題の解決に役立てる姿勢や金融政策の重要性を強調してきた点はたしかに共通している。

岩田氏の副総裁任命は安倍政権のデフレ脱却への確固たる意志を感じさせる人事であった。4月に入ると、新日銀は長期国債の買い入れ、マネタリー・ベース（ハイパワード・マネー）の大幅な拡大を中心とする大規模な金融緩和政策、量的・質的金融緩和の導入を決定し、それに伴い資産価格は大きく上昇した。

安倍政権発足後1年で日経平均株価は60％近く上昇、円の実質実効為替レートも20％減価し、日本経済の「運命」は逆転した。物価にはまだ弱さが見られるものの、デフレの進行は止まった【図26】。名目ＧＤＰは２０１３年以降、急速な回復を続けている【図27】。

設備投資は２０１３年から回復基調にあり、ゼロ金利で金融緩和は無効とする通念は打ち破られた【図28】。雇用に関して言えば、循環的失業は２０１３年から急減、今や人手不足

図26　物価指数の推移（1998-2019年）

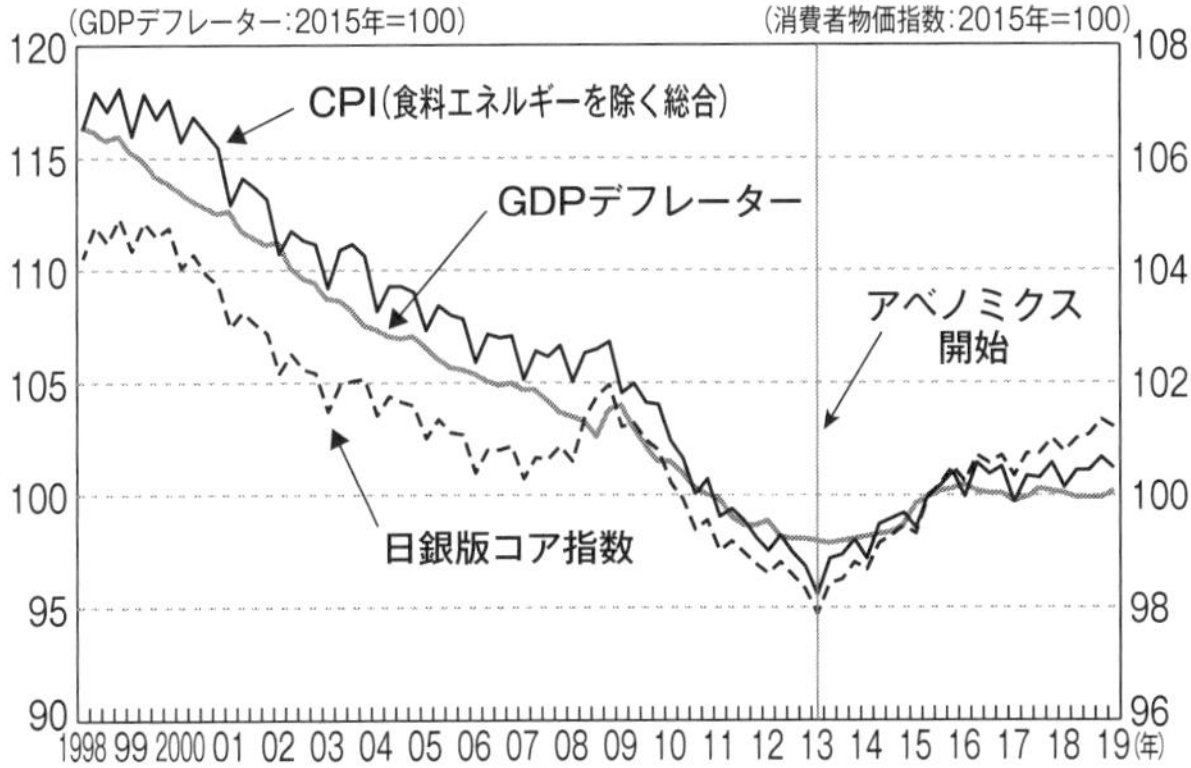

出所：総務省「消費者物価指数」「国民経済計算」（消費税増税の影響を調整）
日銀版コア指数は消費者物価指数の生鮮食品とエネルギーを除く総合指数。
注：消費者物価指数は2014年4月の前月比上昇率を3月と5月の値から線形補完し、消費税増税の影響を調整。GDPデフレーターは2014年第2四半期の値を第1四半期、第3四半期の値を用いて同様の方法で処理した。

図27　名目GDPの推移（1998-2019年）

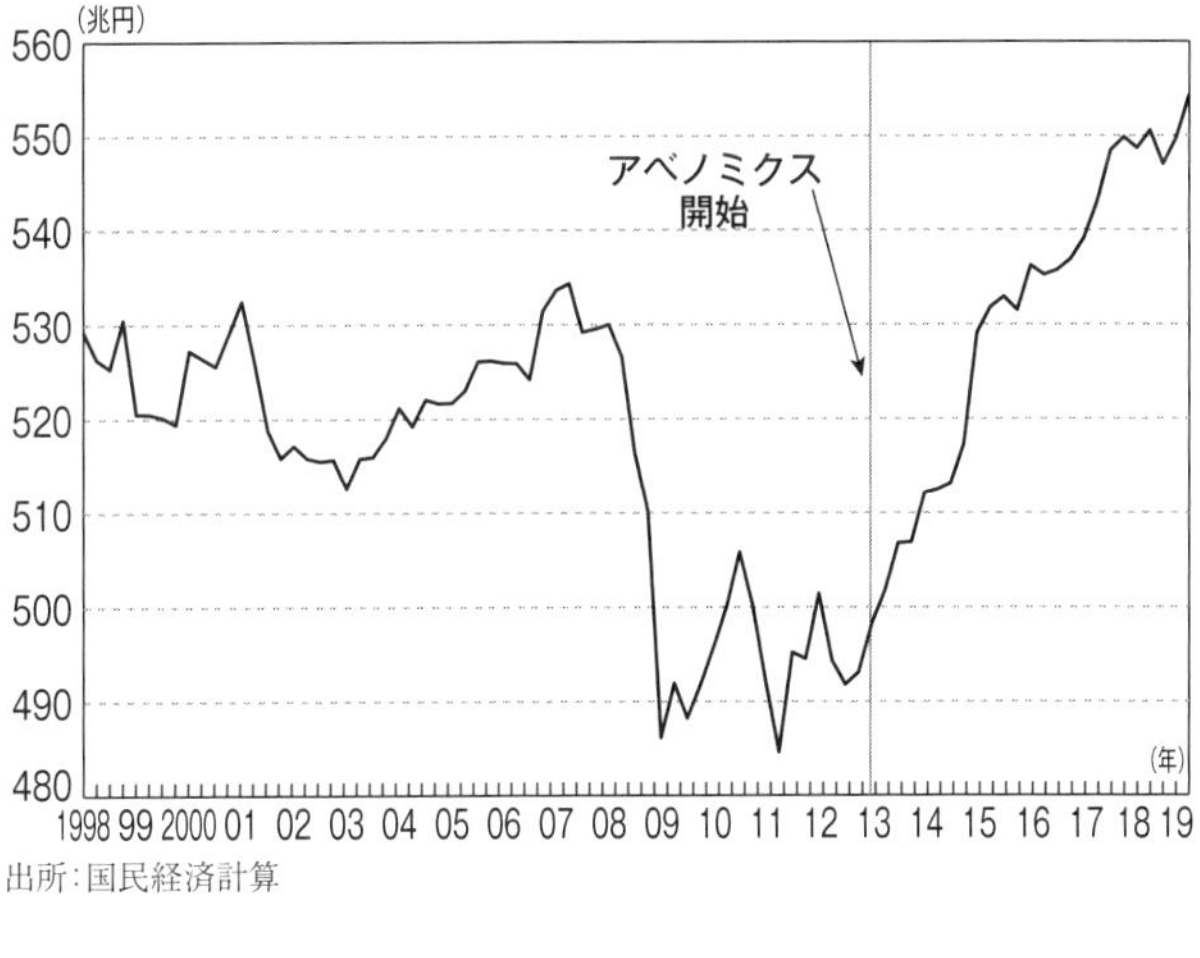

出所：国民経済計算

図28　実質設備投資の推移（1998-2019年）

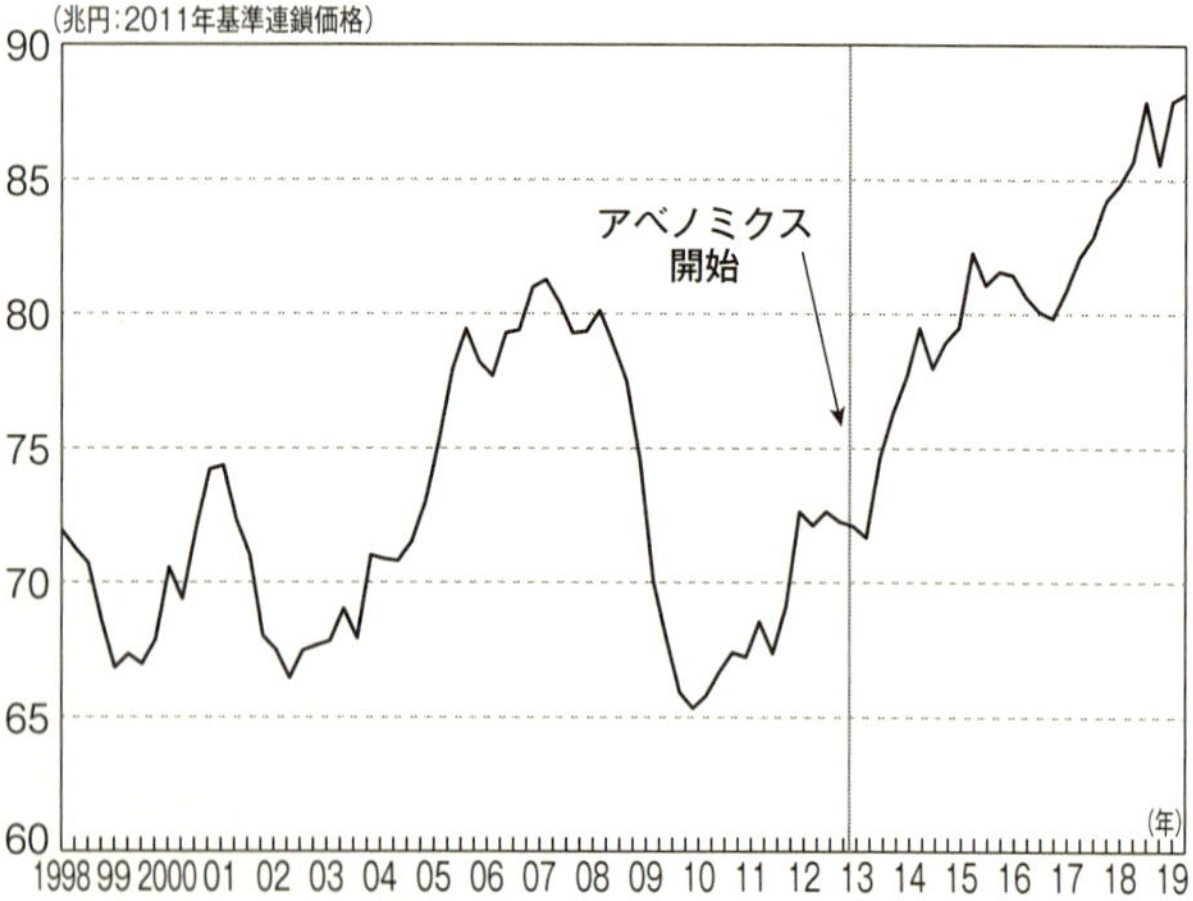

出所：国民経済計算

図29　就業者数の推移（1998-2019年）

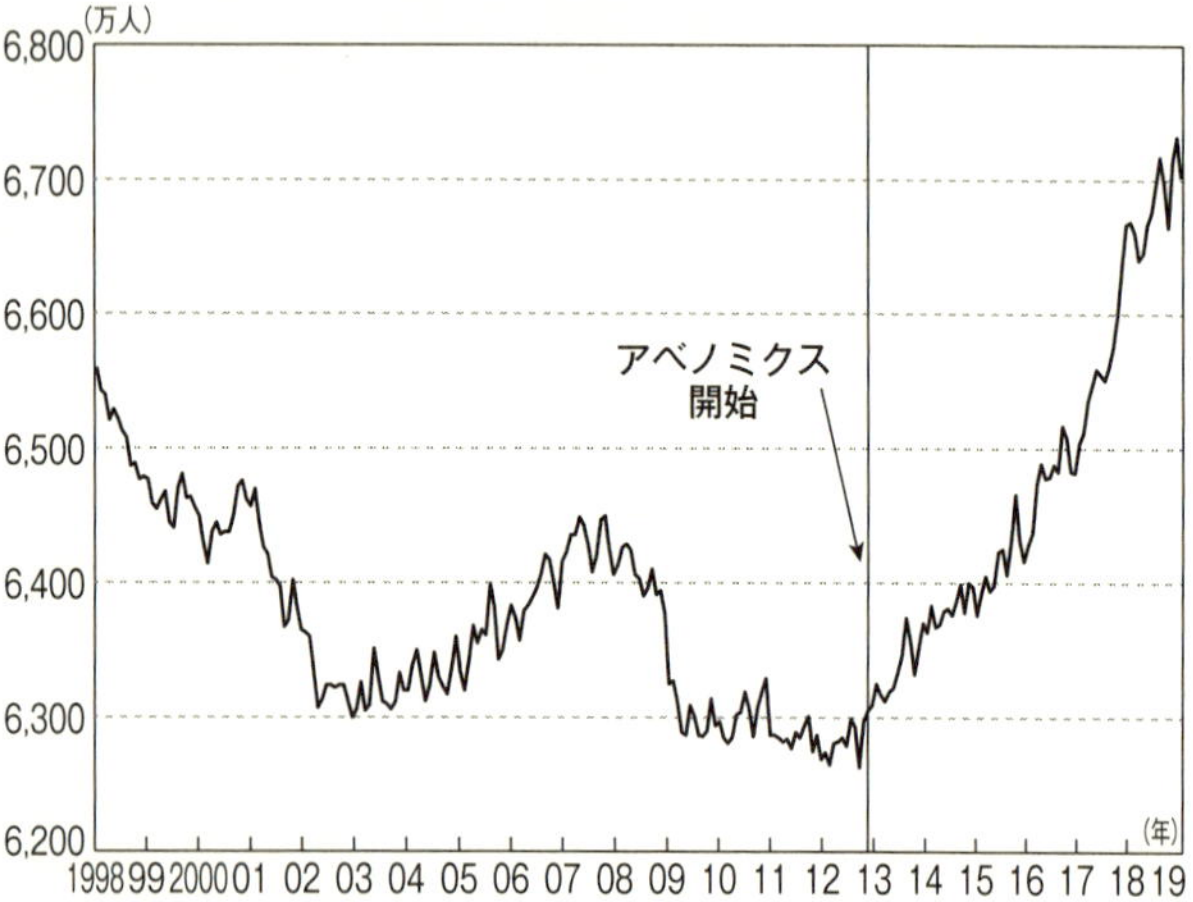

出所：労働力調査

図30　有効求人倍率の推移（1998-2019年）

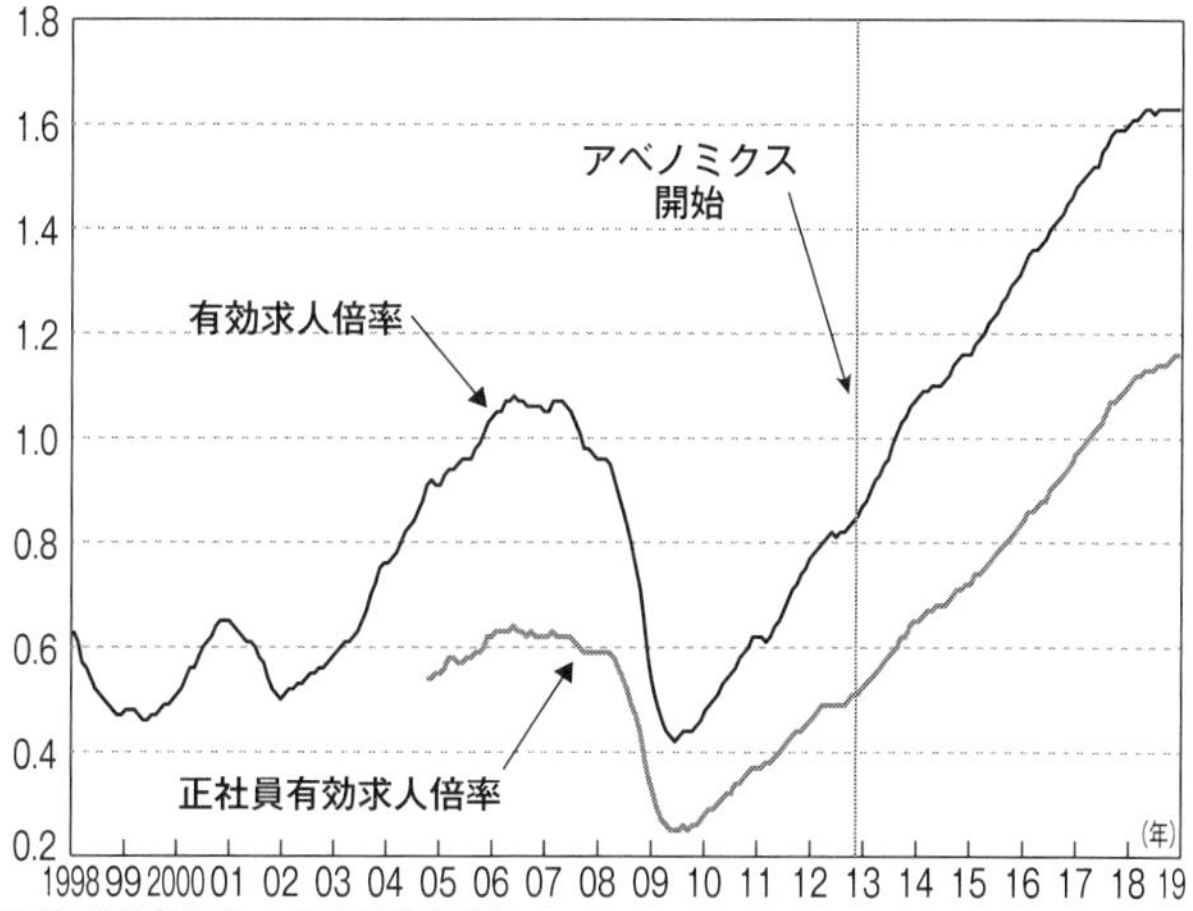

出所：労働力調査、一般職業紹介状況

である。就業者数は急速に回復しており【図29】、有効求人倍率は2013年末に1倍を超え、2017年には正社員の有効求人倍率も1倍を超えている【図30】。大胆な金融緩和政策によって、日本経済は2012年の景気後退から急速に回復した。アベノミクスは金融政策の転換が経済に大きな影響を与えることを示す格好の自然実験と言えるだろう。

フリードマンは2013年以降の政策転換を見ることなく世を去ったが、量的・質的金融緩和はまさに彼が望んだ政策である。[11] 日銀の新しい金融政策の成功は今や疑いの余地がなく、単純な金融政策無効論は姿を消しつつあるように思える。フリードマンにとってこうした展開は何ら驚きではなかったことだろう。

「この分野だけでなく、他の分野でも、私は最初全くの少数派だった経験があるが、アイデアが広く認められるようになるにつれて繰り広げられるシナリオを観察する機会に恵まれてきた。次のような標準的なパターンがある。誰かが正統派の立場を脅かすとき、最初の反応はその邪魔者を無視することである。彼については言わないに越したことはない。

しかし、彼に耳を傾ける者が現れ、厄介になってくると、第二の反応は、彼を嘲笑い、極端な人だとか、馬鹿げた考えをもった愚かな奴だといって彼をからかうことである。

この段階を過ぎると、次の最も重要な段階がくる。彼の考えを身につけるのである。彼の考えを自己流にして受け入れながら、彼自身にはそうした見方のカリカチュアを押しつけ、こんな風に言うのだ。『彼は極端な人で、貨幣だけが重要だと言っている連中の一人です。もちろん、貨幣は重要です。そんなことは誰でも知っていますよ、しかし……』と」[12]

10 浜田［2013］52頁

11 Beckworth[2013], Pethokoukis[2013]

12 Friedman[1970], pp.21-22

おわりに

フリードマンの最晩年の研究は、日本の金融政策の成功と失敗から多くの教訓を引き出し、金融政策の安定が経済安定のために不可欠な枠組みを提供することを明らかにするものだった。経済発展に成功したアジア最初の国ということもあり、日本経済の盛衰は日本特殊的要因で説明されることが少なくなかったが、フリードマンは日本の成功を安定した金融政策と自由市場経済に帰し、経済学に基づく普遍的な方法で説明した。

その後、日本同様の市場重視のアジア諸国が経済発展を遂げたことや、金融政策の失敗が急成長を続けていた日本を一転してデフレ不況に突き落とした事実を考慮すれば、フリードマンの説明は的確なものだったと言えよう。そして2013年以降、フリードマンの提言に沿った処方箋で日本経済は大きく回復を遂げているのである。

もちろん、フリードマンの提言には限界があったことは事実である。インフレ目標政策へのフリードマンの立場は曖昧な支持に留まっていた。経済主体が予想により行動を大きく変化させうることを最初に明確に強調したのはフリードマンの業績だが、[1] 現在の金融政策の議論はフリードマン以上に予想インフレ率を重視したものとなっている。政策手段に関しても、マイナス金利や長短金利操作など近年の発展は目覚ましい。

とはいえ、現代の金融政策の発展は疑いなくフリードマンの指し示した方向に添ったものである。実際、名目GDPターゲットやヘリコプター・マネー、ナロウ・バンキング等、リーマン・ショック以降注目を集めているアイデアは、フリードマンに由来する。[2] 死後10年以上を経ても、フリードマンの研究は現代の経済学者にとって豊かな発想の源であり続けている。

フリードマンは、かつてシカゴ大学の恩師サイモンズについて次のように述べたことがある。「……私が彼に多くのことで不賛成だとしても、それもまた彼の影響を物語っているのだ。彼は私たちに教えてくれたのである、彼のやり方を卑屈に模倣するよりも、その思想の客観的で批判的な検討こそが真の尊敬を表すものなのだ、と」。[3] 現代の経済学者は、フリードマンに対してまったく同じことを言うことができるだろう。

フリードマンの思想には賛否がはっきり分かれがちであり、激しい反発を感じる向きも少なくないが、実証研究に裏付けられたフリードマンの経済学への貢献は思想にかかわらず、誰もが認めることのできるものである。フリードマンの研究は経済学の一つの到達点であり、今後も経済学者の参照点であり続けるであろう。

1 Johnson[1976], Nelson and Schwartz[2008], Mankiw and Reis [2018]
2 Friedman[1948, 1960a, 1969]
3 Friedman[1967], p.1

あとがき

「人は常に自分の愛するものを語り損なう」

——ロラン・バルト

ミルトン・フリードマンほど誤解され、不当な評価を受けてきた思想家も珍しい。日本では、フリードマンといえば、市場原理主義、弱者切り捨てのレッテルを張り、マネタリズムは時代遅れの過去の学説だと決めつけられるのが普通で、見向きもされない。

しかし、その思想に賛否はあっても、フリードマンのアイデアは、捨てるにはもったいない貴重な洞察に満ちたものだ。フリードマンの思想の全貌を語り尽くすことは筆者の能力を超えており、本書で紹介できたのはその業績のごく一部にすぎない。だが、読者には日本がフリードマンの警告を無視したことが日本経済にどれほど大きな損失だったたか、理解していただけたのではないだろうか。

日本経済は戦後70年、激動の歴史をたどってきたが、日本経済が誤った道を歩みつつあったとき、フリードマンはいち早く警告を発し、的確な処方箋を提示していた。ニクソンショック、ルーブル合意、バブル崩壊、そしてデフレ不況の失われた20年の迷走。こうした事態は不可避でも運命でもなく、物価安定を目標とする貨幣重視の金融政策で防ぐことができたのである。経済成長には自由市場経済と安定的な金融政策が不可欠であるというフリードマンの洞察は、日本経済のこれまでの盛衰を理解するカギとなるだけでなく、今後の日本経済の発展にとっても重要な意味を持っている。本書を終えるにあたり、最近の経済情勢や今後の展望にも少し触れておきたい。

貧困対策はデフレ脱却・景気回復と矛盾せず

２０１２年末からのアベノミクスの下での景気拡大は６年以上にも及んでいるが、その成果はきわめて大きい。金融緩和の恩恵は一部にしか及ばず、格差を拡大するとの批判があるが、雇用情勢の改善の恩恵は広く行き渡っており、こうした批判は実証的証拠に欠ける。たとえば、完全失業率は１９９８年から２０１２年まで３・６％を一度も下回ったことがなかったが、アベノミクス開始以来、順調に低下しており、２０１９年７月には１９９２年以来26年ぶりに２・２％を記録した。完全失業者数は２０１９年７月現在、２０１２年12月から

44・8％も減少している。

２０１８年の自殺者数は37年ぶりに2万１０００人を下回ったが、その大きな要因は経済情勢の改善である。２０１２年度に比べ２０１８年度には経済・生活問題を理由とした自殺は34・2％減少し、自殺者総数は25・2％減少している（警視庁「平成30年中における自殺の概況」）。フリードマンがしばしば強調したように、経済政策は経済だけの問題ではなく、人間の自由や生活の問題とも密接に関わっているのである。

人手不足経済の下、２０１４年以降、15－24歳（在学中除く）の正社員比率は上昇に転じ、２０１８年には２０１２年よりも４・８％ポイント高い73・9％である。これは統計の存在する２００２年以来最高の水準である。非正社員の正社員化や待遇改善も進んでおり、これまで低迷していた女性や高齢者の雇用も急速に増えている。岩田［２０１９］の指摘するように、消費増税の影響を除けば、正規社員でもパート・アルバイトでも時間当たり実質賃金はアベノミクス以降、上昇している。とくに、パート・アルバイトの実質賃金上昇は著しい。

雇用情勢改善は、貧困問題の解消にも好影響を与えている。平成26年全国消費実態調査によれば、２０１４年のジニ係数は０・２８１で、２００９年の０・２８３から０・００２ポイント改善した。相対的貧困率も10・1%から9・9%へと低下し、子供の相対的貧困率は9・9%から7・9%へと大きく改善した。貧困対策の強化は喫緊の課題だが、貧困対策はデフレ脱却・景気回復と矛盾せず、むしろ補完的関係にある。今後、負の所得税のような政策が採用されれば、さらに効果的な貧困対策が可能になるだろう。あらゆる観点から見て、量的・質的金融緩和は大きな成功を収めたと評価できる。[1]

チャイナ・バッシングは百害あって一利なし

とはいえ、日本経済の先行きは決して明るいとは言えない。国際情勢の大幅な悪化、消費税増税といったリスクの過小評価は禁物である。もし対応を誤れば、これまでの成果は帳消しになりかねない。2019年後半から日本経済は試練の時を迎えるだろう。

2017年のトランプ大統領の当選以来、米中の関係は大幅に悪化し、冷戦終結以来最悪の危機にある。米国の中国特殊論は、かつての日米貿易摩擦の時代を彷彿とさせるものがある。ジャパン・バッシングに反対したフリードマンならば、チャイナ・バッシングにもやはり反対しただろう。中国政府が国営企業の優遇措置や他国の疑念を招くような産業政策を放棄することは世界にとってだけでなく、中国の経済発展にとっても望ましいことだが、それは中国自身の問題である。トランプ大統領が米国を第一に考えるのであれば、消費者の利益を損ない、米国経済の効率を損なう保護主義政策は直ちに中止すべき政策だろう。
たしかに中国には人権問題や領土問題等の深刻な問題がある。だが、それは関税のような大雑把な手段ではなく、人権侵害やスパイ活動に関わる特定の危険人物への制裁、外交交渉、防衛力強化等の直接的手段で解決すべきである。貿易の利益を損ない、対立を煽るチャイナ・バッシングはかつてのジャパン・バッシング同様、双方に百害あって一利なしである。

消費増税に頼った財政再建は再考すべき

2019年9月1日、景気減速が鮮明になるなかで、トランプ大統領は無謀にも中国製品への大規模な追加関税を発動した。関税引き上げの一部見送りなど緊張緩和の兆しもあるが、事態は予断を許さない。世界経済はリーマン・ショック以来、最悪の危機を迎えている。日本経済はいちおうデフレから抜け出したとはいえ、まだ病み上がりで、小さなショッ

1 なお、筆者は安倍政権の金融緩和政策を高く評価するが、これは政権の政治思想やその他の政策への同意を意味するものではない。

クでもデフレに逆戻りしかねない危うい状況にある。政府・日銀はデフレ脱却、景気回復を確実にするため万全を期すべきである。そのためにはこれ以上の消費増税を凍結し、量的・質的金融緩和を強化・拡大する措置をとる必要がある。日本経済の現状認識や今後必要な政策に関する筆者の立場は片岡［２０１９］や岩田［２０１９］に近い。

財政再建といえば、必ず増税、それも消費税の増税が話題になるが、すでに述べた通り、フリードマンは消費税には大きな政府につながりやすい傾向があることを警告していた。最近でも鈴木亘《わたる》［２０１４］はフリードマンの議論を紹介し、消費増税の問題点を指摘している。[2]社会保障財政の効率化なしになし崩し的に消費税を引き上げていくことは好ましくない。多くの研究は、増税による財政再建よりも社会保障改革を通じた歳出削減による財政再建のほうが成功する可能性が高く、経済への負担も小さいことを指摘している。長期的に弊害が大きい消費増税に頼った財政再建は再考すべきではないだろうか。

消費税を増税するのであれば、岩田［２０１９］の提言するように、消費税の逆進性対策として、本書第1章で説明したような給付付き税額控除の導入が不可欠である。[3]カナダでは、財サービス税（ＧＳＴ、日本の消費税に相当）導入時に低所得者対策としてＧＳＴクレジットという給付付き税額控除が導入され、低所得世帯に対して所得と家族構成に応じて還付金を給付している（白石、２０１０）。２０２０年度頃までに日本でも同様の仕組みを導入し、将来的には負の所得税の導入等の税制改革を実施することが望ましい。この仕組みは、恣意的な軽減税率の設定などよりもはるかに効率的で、公平性も高い弱者保護政策である。

社会保障分野には混合診療の禁止や株式会社の参入規制をはじめ、合理性を欠く参入規制が未だに多く、賦課方式の年金等、高齢化社会では持続不可能な仕組みも少なくない。負の所得税のような真の弱者を救済する制度を整備するとともに、社会保障分野でも自由市場を活用することは消費者にとって大きな恩恵になり、財政再建にも資するはずである。

たとえば、改正子供・子育て支援法により2019年10月から、０－２歳児は住民税非課税世帯、３－５歳児は原則すべての家庭を対象に保育料が無料になったが、鈴木［２０１９］の提案するように無償化の際には、フリードマンの提唱した教育バウチャーの仕組みを活用することが望ましいだろう。無償化財源を保育施設に渡せば、経費の膨張や利用者を軽視した経営につながりやすい。利用者に保育施設を利用できる保育バウチャーを配り、施設側には保育バウチャーを通じて公費が渡る仕組みにすれば、認可外保育所と認可保育所の競争を

2　鈴木亘［２０１４］１５０頁
3　岩田［２０１９］２５６-２５８、３０８-３０９頁

促し、サービスの質向上や効率化が期待できる。

自由市場経済は市民の自由を守る

失われた20年のデフレ不況の負の遺産、今後急激に進む高齢化と人口減少、国際政治の緊張など、日本経済の前途に立ちはだかる障害は少なくない。だが、かつて戦後日本が焼け野原から高度経済成長を成し遂げたように、自由市場経済の力を活用すれば、奇跡を成し遂げることは可能である。フリードマンの提言に学び、適切な経済政策の下で自由市場経済の道を歩むならば、21世紀の日本の未来は輝かしいものとなるだろう。

経済危機やポピュリズムが台頭する今日、自由市場経済は経済的繁栄をもたらすだけでなく、市民の自由を守るためにも不可欠なことを説いたフリードマンの思想はますます輝きを増している。本書で詳しく見てきたように、フリードマンは安定した金融政策こそ、自由市場経済が最大限力を発揮するうえで不可欠なことも併せて指摘していた。今後の世界は、自由市場の力を最大限発揮できるよう、金融政策によるマクロ環境の安定と、教育バウチャーや負の所得税のような制度を整えていくことが必要になるだろう。本書がフリードマンの再評価への一助となることを願ってやまない。

紙幅の関係上、すべての方のお名前を挙げることはできないが、本書の執筆にあたっては多くの方々にお世話になった。本書のもととなる原稿を読んでくださり、内容を改善する上で大変有益なコメントをくださった岩田規久男・前日銀副総裁、原田泰・日銀審議委員、若田部昌澄・早稲田大学教授（当時、現日銀副総裁）、眞嶋史叙・学習院大学教授、大学時代の友人の井坂将氏に感謝したい。つねに筆者を励まし、本書の出版にご尽力くださった岩田先生、原田先生のお二人には感謝の言葉も見つからないほどである。

本研究成果はヒルベルト研究会で報告され、主催者の浜田宏一・イェール大学名誉教授をはじめとする参加者の方々から貴重なコメントをいただいた。ケインズ学会第13回企画交流委員会主催研究会での報告では、平井俊顕・上智大学名誉教授、野口旭・専修大学教授、浅田統一郎・中央大学教授より、日本ではマネタリズムがどのように理解されているかに関して貴重な示唆をいただいた。２０１９年４月４日に開催された研究報告会でコメンテーターを務めて下さった嶋中雄二・三菱ＵＦＪモルガン・スタンレー証券景気循環研究所所長からは原稿を読んでいただいたうえ、大変詳細かつ丁寧なコメントをいただき、内容を改善する上で大きな刺激になった。

また、中原伸之・景気循環学会会長からは、フリードマンとの日銀審議委員時代の交流について貴重なお話を伺い、本書の内容を大きく改善することができた。さらに、植林茂・椙山女学園大学現代マネジメント学部教授からもメールでの筆者の質問に丁寧なお答えをいただいた。お忙しいなか、貴重なお時間を割いてくださったお二人に心より感謝したい。

もちろん、いただいたコメントを反映しきれなかった部分や残る誤りは筆者の責任である。最後になるが、無名の筆者の本を出すことを認めて下さったＰＨＰ研究所の白地利成さんに厚くお礼申し上げたい。

２０１９年10月

柿埜真吾

ＰＨＰ新書刊行にあたって

「繁栄を通じて平和と幸福を」（PEACE and HAPPINESS through PROSPERITY）の願いのもと、ＰＨＰ研究所が創設されて今年で五十周年を迎えます。その歩みは、日本人が先の戦争を乗り越え、並々ならぬ努力を続けて、今日の繁栄を築き上げてきた軌跡に重なります。

しかし、平和で豊かな生活を手にした現在、多くの日本人は、自分が何のために生きているのか、どのように生きていきたいのかを、見失いつつあるように思われます。そして、その間にも、日本国内や世界のみならず地球規模での大きな変化が日々生起し、解決すべき問題となって私たちのもとに押し寄せてきます。

このような時代に人生の確かな価値を見出し、生きる喜びに満ちあふれた社会を実現するために、いま何が求められているのでしょうか。それは、先達が培ってきた知恵を紡ぎ直すこと、その上で自分たち一人一人がおかれた現実と進むべき未来について丹念に考えていくこと以外にはありません。

その営みは、単なる知識に終わらない深い思索へ、そしてよく生きるための哲学への旅でもあります。弊所が創設五十周年を迎えましたのを機に、ＰＨＰ新書を創刊し、この新たな旅を読者と共に歩んでいきたいと思っています。多くの読者の共感と支援を心よりお願いいたします。

一九九六年十月

ＰＨＰ研究所

PHP新書
PHP INTERFACE
https://www.php.co.jp/

柿埜真吾［かきの・しんご］

1987年生まれ。2010年、学習院大学文学部哲学科卒業。12年、学習院大学大学院経済学研究科修士課程修了。13-14年、立教大学兼任講師。現在、学習院大学大学院経済学研究科博士後期課程。主な論文に「バーリンの自由論」「戦間期英国の不況に関する論争史」などがある。本書が初の著作となる。

ミルトン・フリードマンの日本経済論

PHP新書 1204

二〇一九年十一月二十九日　第一版第一刷

著者――柿埜真吾
発行者――後藤淳一
発行所――株式会社PHP研究所
東京本部――〒135-8137 江東区豊洲5-6-52
第一制作部PHP新書課 ☎03-3520-9615（編集）
普及部 ☎03-3520-9630（販売）
京都本部――〒601-8411 京都市南区西九条北ノ内町11
組版――有限会社メディアネット
装幀者――芦澤泰偉＋児崎雅淑
印刷所
製本所――図書印刷株式会社

ISBN978-4-569-84393-3

参考文献

Ahearne, A., J. Gagnon, J. Haltmaier and S. Kamin et al.[2002], "Preventing deflation: lessons from Japan's experience in the 1990s," International Finance Discussion Papers, No. 729

Balke, N., and R. J. Gordon[1986], "Appendix B: Historical Data," In R. J. Gordon, ed., *The American Business Cycle: Continuity and Change,* Chicago: University of Chicago Press

Barthes, R.[1980], *On échoue toujours à parler de ce qu'on aime,* Paris: Éditions du Seuil

Beckworth, D.[2013], "Abenomics as a Fulfillment of Milton Friedman's Policy Prescriptions," *Macro and Other Market Musings,* July 31, 2013

URL:http://macromarketmusings.blogspot.jp/2013/07/abenomics-as-fulfillment-of-milton.html

Beckworth D., and W. Ruger[2010], "What Would Milton Friedman Say about Fed Policy Under Bernanke?," *Investor's Business Daily,* October 2010

Berkowitz, B.[2014], "Bernanke cracks wise: The best QE joke ever!," CNBC.com, January 16, 2014,

URL：http://www.cnbc.com/2014/01/16/bernanke-cracks-wise-the-best-qe-joke-ever.html

Bernanke, B. S.[2000], *Essays on the great depression,* Princeton: Princeton University Press（ベン・S・バーナンキ[2013]『大恐慌論』栗原潤、中村亨、三宅敦史訳、日本経済新聞出版社）

Bernanke, B. S.[2002], "FRB Speech: Remarks by Governor Ben S. Bernanke, At the Conference to Honor Milton Friedman," University of Chicago, Chicago, Illinois, November 8, 2002,

URL：https://www.federalreserve.gov/BOARDDOCS/SPEECHES/2002/20021108/

Bernanke, B. S.[2003], "FRB Speech: Remarks by Governor Ben S. Bernanke At the Federal Reserve Bank of Dallas Conference on the Legacy of Milton and Rose Friedman's Free to Choose," Dallas, Texas, October 24,2003.

URL : https://www.federalreserve.gov/boardDocs/Speeches/2003/20031024/default.htm

Bernanke, B. S., T. Laubach, F. Mishkin, and A. Posen[1999], Inflation Targeting, Princeton: Princeton University Press

Bloomgarden, L.[1953], "Medical School Quotas and National Health," *Commentary*, 15 January29, 1953

Bronfenbrenner, M.[1956] "The State of Japanese Economics," *The American Economic Review*, 46(2)

Burton, J.[1981], "Positively Milton Friedman," in J. R. Shackleton and G. Locksley ed., *Twelve Contemporary Economists,* Palgrave Macmillan, London, 1981

Cato Institute[2006], "Mart Laar Receives Milton Friedman Prize," *Cato Policy Report,* JULY/AUGUST, 2006

Chan, S.[2010], "Friedman Casts Shadow as Economists Meet," *New York Times,* November 7, 2010

Choudhri, E. U., and L. A. Kochin[1980], "The Exchange Rate and the International Transmission of Business Cycle Disturbances: Some Evidence from the Great Depression," *Journal of Money, Credit and Banking,* 12(4)

DeLong, J. B.[2000], "The Triumph of Monetarism?," *The Journal of Economic Perspectives,* 14(1)

Eichengreen B., and J. Sachs[1985], "Exchange Rates and Economic Recovery in the 1930s," *The Journal of Economic History,* 45(4)

FOMC[2012], "Federal Reserve issues FOMC statement of longer-run goals and policy strategy," FOMC, January 25, 2012, URL

: https://www.federalreserve.gov/newsevents/pressreleases/monetary20120125c.htm

Friedman, M.[1948], "A Monetary and Fiscal Framework for Economic Stability," *The American Economic Review,* 38(3)

Friedman, M.[1953a], "The Case for Flexible Exchange Rates," In Milton Friedman ed., *Essays in Positive Economics,* Chicago: University of Chicago Press, 1953

Friedman, M.[1953b], "The Methodology of Positive

Economics," In Milton Friedman ed., *Essays in Positive Economics,* Chicago: University of Chicago Press, 1953

Friedman, M.[1956], "The Quantity Theory of Money—A Restatement," In M. Friedman ed., *Studies in the Quantity Theory of Money,* Chicago: University of Chicago Press, 1956

Friedman, M., ed.[1956], *Studies in the Quantity Theory of Money,* Chicago: University of Chicago Press

Friedman, M.[1957], *A Theory of the Consumption Function,* Princeton: Princeton University Press

Friedman, M.[1960a], *A program for monetary stability,* New York: Fordham University Press

Friedman, M.[1960b], "In Defense of Destabilizing Speculation," In R. W. Pfouts, ed., *Essays in Economics and Econometrics,* Chapel Hill: University of North Carolina Press

Friedman, M.[1961], "The Lag in Effect of Monetary Policy," *Journal of Political Economy,* 69 (5)

Friedman, M.[1962], *Capitalism and freedom,* Chicago: University of Chicago Press（ミルトン・フリードマン［2008］『資本主義と自由』村井章子訳、日経ＢＰ社）

Friedman, M.[1967], "The Monetary Theory and Policy of Henry Simons," *Journal of Law and Economics,* 10

Friedman, Milton[1968], "The role of monetary policy," *The American Economic Review,* 58 (1)

Friedman, M.[1969], *The Optimum Quantity of Money and Other Essays,* Chicago: Aldine Pub. Co.

Friedman, M.[1970], *The Counter-Revolution in Monetary Theory,* IEA Occasional Paper, No. 33, London: Institute of Economic Affairs

Friedman, M.[1972], "Comments on the Critics," *Journal of Political Economy,* 80 (5)

Friedman, M.[1974], "Perspective on Inflation," *Newsweek,* June 24, 1974

Friedman, Milton[1976/2006], "Milton Friedman – Biographical.," NobelPrize.org. URL：https://www.nobelprize.org/prizes/economic-sciences/1976/friedman/biographical/

Friedman, M.[1980], "The Changing Character of Financial Markets," In M. Feldstein, ed., *The American Economy in Transition,* Chicago: University of Chicago Press

Friedman, M.[1981], *The invisible hand in economics and politics (Inaugural Singapore lecture),* Singapore: Institute of Southeast Asian Studies.

Friedman, M.[1983a], "Monetarism in Rhetoric and in Practice," *Bank of Japan Monetary and Economic Studies,* 1 (2)

Friedman, M.[1983b], "Monetary Variability: United States and Japan," *Journal of Money Credit and Banking,* 15(3)

Friedman, M.[1983c], "A monetarist view," *The Journal of Economic Education,* 14 (4)

Friedman, M.[1984], *Market or Plan? An exposition of the case for the market,* Occasional Paper No. 1, London: Center for Research into Communist Economies.

Friedman, M.[1985], "Letter to the editor: The Fed's Monetarism Was Never Anything but Rhetoric," *Wall Street Journal,* December 18, 1985

Friedman, M.[1987a], "Interview with Professor Milton Friedman," interviewed by W. Erhard, *Satellite Seiner Series,* April 4, 1987

Friedman, M.[1987b], "In Defense of Dumping," *The Commonwealth Club,* July 17, 1987

Friedman, M.[1988a],"Notes and Asides: Letter to William F. Buckley, Jr.," *National Review,* 40(20)

Friedman, M.[1988b], "Why the Twin Deficits are a Blessing," *Wall Street Journal,* December 14, 1988

Friedman, M.[1989], "Letter to the Editor: Friedman on S&Ls," *National Review,* 41(12)

Friedman, M.[1992], *Money mischief : episodes in monetary history,* New York: Harcourt Brace Jovanovich（ミルトン・フリードマン[1993]『貨幣の悪戯』斎藤精一郎訳、三田出版会）

Friedman, M.[1996], "Profile of Milton Friedman," interviewed by B. Snowdon and H. Vane, In B. Snowdon and H. Vane, *Modern Macroeconomics: Its Origin, Development, and Current State,*

Cheltenham, UK · Northampton, MA, USA: E. Elgar, 2005
Friedman, M.[1997a], "The Euro: Monetary Unity To Political Disunity?," *Project Syndicate,* August 28, 1997
Friedman, M.[1997b], "Rx for Japan: Back to the Future," *Wall Street Journal,* December17, 1997
Friedman, M.[1997c], "Milton Friedman at 85," interviewed by Peter Brimelow, *Forbes,* December 29, 1997
Friedman, M.[1998a],"Bubble Trouble," interviewed by Peter Brimelow, *National Review,* 50(18).
Friedman, M.[1998b], "Mr. Market: An Interview with Milton Friedman," interviewed by G. Epstein, *Barron's,* August 24, 1998
Friedman, M.[1998c], "Milton Friedman," interviewed by R. E. Parker, In R. E. Parker, *Reflections on the great depression,* Cheltenham, U.K.: E. Elgar, 2002
Friedman, M.[1999a], "Monetary Policy Dominates," *Wall Street Journal,* January 8, 1999
Friedman, M.[1999b], "Beware the Funny Money," interviewed by Peter Brimelow, *Forbes,* May 3, 1999
Friedman, M.[2000a], "Canada and flexible exchange rates," In Speech delivered at "Revisiting the Case for Flexible Exchange Rates," a conference sponsored by the Bank of Canada, Ottawa, Ontario, November 2000
URL：http://www.bankofcanada.ca/wp-content/uploads/2010/08/keynote.pdf
Friedman, M.[2000b], "Fallacy: Government Spending and Deficits Stimulate Economy," MRC
Friedman, M.[2002a], "Milton Friedman Assesses the Monetarist Legacy and the Recent Performance of Central Banks," interviewed by R. Pringle, *Central Banking,* August 2002
Friedman, M.[2002b], "Change of Direction Awaits Japan's Deflation: Friedman," Jiji Press English News Service[Tokyo], August 13, 2002
Friedman, M.[2003a], "The Fed's Thermostat," *Wall Street Journal,* August 19, 2003
Friedman, M.[2003b], "Entretien avec Milton Friedman: Le

triomphe du Libéralisme," interviewed by H. Lepage, *Politique internationale*, 100

Friedman, M.[2005], "A Natural Experiment in Monetary Policy Covering Three Episodes of Growth and Decline in the Economy and the Stock Market," *The Journal of Economic Perspectives*, 19 (4)

Friedman, M.[2006], "Why Money Matters," *The Wall Street Journal*, November 17, 2006.

Friedman, M., and M. Aoki[2000], "21st Century-Dialogues on the Future/ Economists examine multifaceted capitalism," *Yomiuri Shimbun/Daily Yomiuri*, January 4, 2000（ミルトン・フリードマン、青木昌彦[2000],「21世紀への対話(2)資本主義　フリードマン氏vs青木昌彦氏」『読売新聞』朝刊、2000年1月4日）

Friedman, M., and R. D. Friedman[1980], *Free to choose: a personal statement*, New York: Harcourt Brace Jovanovich（ミルトン・フリードマン、ローズ・フリードマン『選択の自由 自立社会への挑戦』西山千明訳、日本経済新聞社、1980年、文庫版2002年、新装版 2012年）

Friedman, M., and R. D. Friedman[1984], *Tyranny of the status quo*, San Diego: Harcourt Brace Jovanovich

Friedman, M., and R. D. Friedman[1998], *Two Lucky People*, Chicago: The University of Chicago Press

Friedman, M., and A. H. Meltzer et al.[1998], "A Symposium of Views: Is the World Flirting with a Global Liquidity Trap?," *The International Economy*, November/December 1998

Friedman, M., and S. Kuznets[1946] *Income from independent professional practice*, National Bureau of Economic Research

Friedman, M., and D. Meiselman[1963], "The Relative Stability of Monetary Velocity and the Investment Multiplier in the United States, 1897-1958," In E. C. Brown et al., *Stabilization Policies*, Englewood Cliffs: Prentice-Hall for the Commission on Money and Credit, 1963

Friedman, M., and A. J. Schwartz[1963a], "Money and Business Cycles," *Review of Economics and Statistics*, 45 (2)

Friedman, M., and A. J. Schwartz[1963b], *A Monetary History*

of the United States, 1867–1960, Princeton: Princeton University Press for NBER（抄訳;ミルトン・フリードマン、アンナ・シュウォーツ[2009]『大収縮1929–1933「米国金融史」第７章』久保恵美子訳、日経ＢＰ社）

Friedman, M., and A. J. Schwartz[1991], "Alternative Approaches to Analyzing Economic Data," *American Economic Review,* 81(1)

Friedman, M., and A. J. Schwartz[1992], "Déjà vu in Currency Markets," *Wall Street Journal,* September 22, 1992

Friedman, M., and G. J. Stigler[1946], *Roofs or Ceilings? The Current Housing Problem,* New York: Foundation for Economic Education

Fukuda, S., and J. Nakamura[2011], "Why Did "Zombie" Firms Recover in Japan?," *The World Economy,* 34 (7)

Gagnon, J. E.[2016], "Quantitative easing: An underappreciated success," *PIIE Policy Brief,* 16

Galbraith, J. K.[1972], "Galbraith has seen China's future - and it works," *The New York Times,* November 26, 1972

Hall, R. E., and T. J. Sargent[2018], "Short-Run and Long-Run Effects of Milton Friedman's Presidential Address," *Journal of Economic Perspectives,* 32 (1)

Halperin, E. C.[2001], "The Jewish problem in US medical education, 1920-1955," *Journal of the History of Medicine and Allied Sciences,* 56 (2)

Hayek, F. A.[1935], *Prices and production,* 2nd, London: George Routledge & Sons

Hayek, F. A.[1944] *The road to serfdom,* Chicago: University of Chicago Press（F.A. ハイエク[2008]『隷属への道』西山千明訳、春秋社ほか邦訳多数）

Hayek, F. A.[1975], *A Discussion with Friedrich A. von Hayek,* Washington, D.C.: American Enterprise Institute for Public Policy Research.

Hayek, F. A.[1994], *Hayek on Hayek: An Autobiographical Dialogue,* S. Kresge and L. Wenar eds., Chicago: University of Chicago Press

Hetzel, R.[2003], "Japanese Monetary Policy and Deflation", *Federal Reserve Bank of Richmond Economic Quarterly*, 89 (3)

Honda, Y., Y. Kuroki, and M. Tachibana[2007], "An injection of base money at zero interest rates: empirical evidence from the Japanese experience 2001–2006," Discussion Paper 07-08, Discussion Papers in Economics And Business, Graduate School of Economics and Osaka School of International Public Policy (OSIPP), Osaka University

Johnson, H.[1976], "Nobel Milton," *The Economist*, October 23, 1976

Kahn, R.[1976], "Thoughts on the Behavior of Wages and Monetarism," *Lloyds Bank Review*, 119

Kaplan, E. J.[1972], *Japan, the government-business relationship: a guide for the American businessman*, Washington, D.C: U.S. Dept. of Commerce, Bureau of International Commerce（米国商務省編[1972]『株式会社・日本：政府と産業界の親密な関係』大原進、吉田豊明訳、サイマル出版会）

Keran, M. W.[1968], *Monetary policy and the business cycle in postwar Japan*, Federal Reserve Bank of St. Louis Working Paper 1968-003B

Keynes, J. M.[1936], *The general theory of employment, interest and money, The collected writings of John Maynard Keynes*, VII, London: Macmillan, 1973, First published in 1936（J.M.ケインズ[1995]『雇用・利子および貨幣の一般理論』塩野谷祐一訳、東洋経済新報社ほか邦訳多数）

Klein, D. B., W. L. Davis, and D. Hedengren[2013], "Economics Professors' Voting, Policy Views, Favorite Economists, and Frequent Lack of Consensus," *Econ Journal Watch*, 10 (1)

Klein, L. R.[1952], *The Keynesian revolution*, London: Macmillan

Kleiner,M.M.[2016]"Milton Freidman and Occupational Licensing,"In R.A.Cord and J.D.Hammond eds., *Milton Friedman contributions to economics and public policy*, Oxford: Oxford University Press,2016

Lawson, R. A., and J. R. Clark[2010], "Examining the Hayek–Friedman hypothesis on economic and political freedom," *Journal*

of Economic Behavior & Organization 74(3)

Lintner, J.[1947], "The Theory of Money and Prices", In S. E. Harris ed., *New Economics,* New York: A. A. Knopf, 1947

Lucas Jr., R. E.[2008], "Bernanke Is the Best Stimulus Right Now," *Wall Street Journal,* December 23, 2008

Macrae, N.[1963], *Consider Japan,* London: G. Duckworth（ノーマン・マクレー [1963]『驚くべき日本: 日本経済調査報告: ロンドン・エコノミスト特集』河村厚訳、竹内書店）

Mankiw, N. G., and R. Reis[2018], "Friedman's presidential address in the evolution of macroeconomic thought," *Journal of Economic Perspectives,* 32 (1)

Meiselman, D., ed.[1970], *Varieties of monetary experience,* Chicago: University of Chicago Press

Modigliani, F.[1978], "Comment by Franco Modigliani," In G. Ackley, A. S. Greenspan and F. Modigliani, "Implications for Policy: A Symposium", *Brookings Papers on Economic Activity,* 1978 (2)

Nelson, E.[2013], "Friedman's monetary economics in practice," *Journal of International Money and Finance,* 38

Nelson, E., and A. J. Schwartz[2008], "The Impact of Milton Friedman on Modern Monetary Economics: Setting the Record Straight on Paul Krugman's "Who Was Milton Friedman?"," *Journal of Monetary Economics,* 55(4)

Pethokoukis, J.[2013], "The Bank of Japan, Milton Friedman, and the death of Austrian austerity," *AEIdeas,* April 4, 2013

Phillips, A. W.[1958], "The Relation between Unemployment and the Rate of Change of Money Wage Rates in the United Kingdom, 1861-1957," *Economica,* 25 (100)

Piketty, T.[2012], *Peut-on sauver l'Europe ?,* Les Liens Qui Liberent

Piketty, T.[2013], *Le capital au XXIe siècle,* Paris: Éditions du Seuil（トマ・ピケティ [2014]『21世紀の資本』山形浩生、守岡桜、森本正史訳、みすず書房）

Robinson, J.[1962], *Economic philosophy,* London: C. A. Watts

Robinson, J.[1965], "Korean Miracle," *Monthly Review,* 16

Romer, C. D.[2011], "Dear Ben It's Time for Your Volker Moment," *Economist View,* October 29, 2011

Romer, C. D., and D. H. Romer[1989], "Does Monetary Policy Matter? A New Test in the Spirit of Friedman and Schwartz," In O. J. Blanchard and S. Fischer eds., *NBER Macroeconomics Annual 1989,* Vol. 4, Cambridge, Mass.: MIT Press, 1989

Romer, C. D., and D. H. Romer[2013a], "The Most Dangerous Idea in Federal Reserve History: Monetary Policy Doesn't Matter," *American Economic Review,* 103 (3)

Romer, C. D., and D. H. Romer[2013b], "The Missing Transmission Mechanism in the Monetary Explanation of the Great Depression," *American Economic Review,* 103 (3)

Samuelson, P. A.[1983], *Economics from the heart a Samuelson sampler,* San Diego: Harcourt Brace Jovanovich

Samuelson, P. A., and R. M. Solow[1960], "Analytical Aspects of Anti-Inflation Policy," *The American Economic Review,* 50 (2)

Samuelson, P.A., and W. D. Nordhaus[1989], *Economics,* 13th ed., New York; McGraw-Hill

Sargent, T. J.[1986], *Rational expectations and inflation,* New York: Harper & Row（トーマス・J・サージェント[1988]『合理的期待とインフレーション』國府田桂一ほか訳、東洋経済新報社）

Summers, L. H.[2006], "The great liberator," *New York Times,* November 11, 2006

Shirakawa, M.[2011], "Shirakawa on Japan's Economy," interviewed by J. Hilsenrath, M. Fujikawa and J. Schlesinger. *The Wall Street Journal,* March 1, 2011

Temin, P.[1976], *Did Monetary Forces Cause the Great Depression?* New York: Norton

Temin, P., and B. A. Wigmore[1990], "The end of one big deflation," *Explorations in Economic History,* 27 (4)

Tobin, J.[1972], *The New Economics One Decade Older,* Princeton: Princeton University Press（ジェームズ・トービン[1976]『インフレと失業の選択』ダイヤモンド社）

Wakatabe, M.[2014], "Is there any cultural difference in economics?: Keynesianism and Monetarism in Japan," In T.

Asada, *The Development of Economics in Japan,* Abingdon : Routledge, 2014
Wakatabe, M., and G. Kataoka[2011], *Great Inflation in Japan: How Economic Thought Interacted With Economic Policy,* TCER Working Paper E-36
Williams, J. C.[2011], "Unconventional monetary policy: Lessons from the past three years", *FRBSF Economic Letter,* October 3, 2011
朝倉孝吉、西山千明[1974]『日本経済の貨幣的分析 1868-1970』創文社
安達誠司[2003]「新日銀法下での政策決定と論争地図」岩田規久男編『まずデフレをとめよ』日本経済新聞社
安達誠司[2014]「金融政策のレジーム転換で経済は好転する」原田泰、齊藤誠編『徹底分析アベノミクス 成果と課題』中央経済社
岩田規久男[1992]「『日銀理論』を放棄せよ」『週刊東洋経済』1992年9月12日号
岩田規久男[1994]「なぜ日銀は実質的〝引締め〟を続けるのか」『週刊エコノミスト』1994年1月4日号
岩田規久男[1995]『日本型平等社会は滅ぶのか：円・土地・デフレの経済学』東洋経済新報社
岩田規久男[2000]「長期国債買い切りオペを増額すべき」、岩田規久男編『金融政策の論点』東洋経済新報社
岩田規久男[2001]『デフレの経済学』東洋経済新報社
岩田規久男編[2004]『昭和恐慌の研究』東洋経済新報社
岩田規久男[2019]『なぜデフレを放置してはいけないか 人手不足経済で甦るアベノミクス』PHP新書
岩田規久男、八田達夫[2003]『日本再生に「痛み」はいらない』東洋経済新報社
岩田規久男、原田泰[2013]「金融政策と生産：予想インフレ率の経路」早稲田大学現代政治経済研究所WP、No. 1202
宇沢弘文[1978]「毛思想の実践をみる」福武直編『現代の中国』東京大学出版会
宇沢弘文[2000]『ヴェブレン』岩波書店
宇沢弘文[2013]『経済学は人びとを幸福にできるか』東洋経済

新報社
エーベンシュタイン、ラニー[2008]『最強の経済学者ミルトン・フリードマン』大野一訳、日経BP社
大来洋一[2010]『戦後日本経済論 成長経済から成熟経済への転換』東洋経済新報社
大西茂樹、中澤正彦、原田泰[2002]「デフレーションと過剰債務」『フィナンシャル・レビュー』(December)
加藤寛孝[1982]『マネタリストの日本経済論 現代インフレと貨幣主義』日本経済新聞社
キンドルバーガー、チャールズ[2009]『大不況下の世界 1929-1939』石崎昭彦、木村一朗訳、岩波書店
鯨岡仁[2017]『日銀と政治 暗闘の20年史』朝日新聞出版
小宮隆太郎[1961]「日本における経済学研究について—若干の覚書—」都留重人編『近代経済学論集』河出書房新社
小宮隆太郎[1976]「昭和四十八、九年インフレーションの原因」『季刊経済学論集』第42巻第1号
小宮隆太郎[1983]「中央銀行との実りある対話を目指して」『金融研究』第2巻第1号
小宮隆太郎[1994]『貿易黒字・赤字の経済学 日米摩擦の愚かさ』東洋経済新報社
小宮隆太郎[2000]「百鬼夜行の金融政策論議を正す」、岩田規久男編『金融政策の論点』東洋経済新報社
小宮隆太郎、岩田規久男[1973]『企業金融の理論:資本コストと財務政策』日本経済新聞社
サミュエルソン、ポール[1984]『サミュエルソン日本の針路を考える』佐藤隆三編・解説、勁草書房
サミュエルソン、ポール[1985]「経済教室衡解決 対米投資制限で」『日本経済新聞』朝刊、1985年8月26日
嶋中雄二[1990]「来年度は一転、厳しい不況か カギ握る金融引き締め」『日経ビジネス』1990年10月8日号
嶋中雄二[1991]「マネーサプライ急減速で〝通貨不況〟の危機」『週刊エコノミスト』1991年5月14日号
嶋中雄二[2013]「センターに転職して景気循環論に開眼」、小峰隆夫ほか編『エコノミストの戦後史 日本経済50年の歩みを振り返る』日本経済新聞出版社

ジョンソン、チャーマーズ[1982]『通産省と日本の奇跡』矢野俊比古監訳、ＴＢＳブリタニカ
白石浩介[2010]「給付つき税額控除による所得保障」『会計検査研究』第42号
新保生二[1979]「『現代日本経済の解明 スタグフレーションの研究』東洋経済新報社
新保生二[1992]「マネーはいち早く景気後退を示唆していた」『金融財政事情』1992年9月28日号
鈴木淑夫[1985]「日本経済のマクロ・パフォーマンスと金融政策」『金融研究』第4巻3号
鈴木淑夫[1994]『鈴木淑夫集 現代エコノミスト選集』NTT出版
鈴木淑夫[2003]「デフレ解消の妙薬は景気刺激策」『月刊政経人』2003年3月号
鈴木淑夫[2014]「補論佐々木直から黒田東彦まで」吉野俊彦『歴代日本銀行総裁論 日本金融政策史の研究』講談社
鈴木亘[2014]『社会保障亡国論』講談社
鈴木亘[2019]「幼保無償化 直接補助も」『日本経済新聞』朝刊、2019年5月30日
高須賀義博[1972]『現代日本の物価問題』新評論
竹森俊平[2002]『経済論戦は甦る』東洋経済新報社
竹森俊平[2007]『1997年――世界を変えた金融危機』朝日新書
館竜一郎、小宮隆太郎、新飯田宏[1964]『日本の物価問題』東洋経済新報社
田中秀臣[2006]「フランク・ナイトは本当にミルトン・フリードマンを破門したのか？」Economics Lovers Live 田中秀臣のブログ
URL：http://tanakahidetomi.hatenablog.com/entries/2006/11/22#p1
田中秀臣[2008]『不謹慎な経済学』講談社
ドーンブッシュ、ルディガー[1989a]「経済教室 日米摩擦の処方せん（上）米貿易赤字削減」『日本経済新聞』朝刊、1989年11月28日
ドーンブッシュ、ルディガー[1989b]「経済教室 日米摩擦の処方せん（下）年率１５％輸入拡大」『日本経済新聞』朝刊、1989年11月29日

中川幸次[1981]『体験的金融政策論――日銀の窓から』日本経済新聞社
中原伸之[2006]『日銀はだれのものか』聞き手・構成＝藤井良広、中央公論新社
中澤正彦、吉川浩史[2011]「デフレ下の金融政策: 量的緩和政策の検証」ディスカッションペーパー、財務総合政策研究所
西山千明[1972]「調整インフレよりフロートを」『日本経済新聞』朝刊、1972年9月17日
西山千明[1976]『マネタリズム 通貨と日本経済』東洋経済新報社
西山千明編[1979]『フリードマンの思想』東京新聞出版局
西山千明[1991]「通貨供給量、伸び率急低下は危険信号――スタンフォード大学西山千明氏（経済教室）」『日本経済新聞』朝刊、1991年4月16日
西山千明[2006]「〝盟友〟ミルトン・フリードマンを偲ぶ」『エコノミスト』2006年12月5日号
日本銀行[1975]「日本のマネーサプライの重要性について」『調査月報』1975年7月号
日本銀行[1992]「最近のマネーサプライの動向――その分析と評価」『調査月報』1992年9月号
日本銀行百年史編纂委員会編纂[1985]『日本銀行百年史 第5巻』日本銀行
野口旭[2015]『世界は危機を克服する ケインズ主義2.0』東洋経済新報社
野口悠紀雄[1995]『1940年体制 さらば「戦時経済」』東洋経済新報社
長谷川慶太郎[1983]『世界が日本を見倣う日』東洋経済新報社
原田泰[1992]「誤った金融政策思想を正せ」『週刊東洋経済』1992年11月7日号
原田泰[1999]『日本の失われた十年』日本経済新聞社
原田泰[2007]『日本国の原則 自由と民主主義を問い直す』日本経済新聞出版社
原田泰[2015]『ベーシック・インカム 国家は貧困問題を解決できるか』中央公論新社
原田泰、増島稔[2009]「金融の量的緩和はどの経路で経済を改善したのか」吉川洋編『デフレ経済と金融政策』慶應義塾大学出

版会
浜田宏一[2013]『アメリカは日本経済の復活を知っている』講談社
速水優[2000a]「総裁記者会見要旨（1月19日）」日本銀行、2000年 1月20日
速水優[2000b]「総裁記者会見要旨（4月12日）」日本銀行、2000年 4月13日
日高正裕編[2003]『論争・デフレを超える：31人の提言』中央公論新社
深尾京司・攝津斉彦・中林真幸[2017]「巻末付録 生産・物価・所得の推定」、深尾京司・中村尚史・中林真幸編[2017]『岩波講座 日本経済の歴史3 近代1』岩波書店
深尾京司・攝津斉彦[2017]「巻末付録 生産・物価・所得の推定」、深尾京司・中村尚史・中林真幸編『岩波講座 日本経済の歴史4 近代2』岩波書店
深尾京司・攝津斉彦[2018]「巻末付録 生産・物価・所得の推定」、深尾京司・中村尚史・中林真幸編『岩波講座 日本経済の歴史5 現代1』岩波書店
藤井良広[2004]『縛られた金融政策：検証日本銀行』日本経済新聞社
フリードマン、ミルトン[1964]「国際競争の風に当たれ」『日本経済新聞』朝刊、1964年1月1日
フリードマン、ミルトン[1966]「米国経済の繁栄は続くか」『日本経済研究センター会報』1966年5月号
フリードマン、ミルトン[1969]「重視すべき通貨政策」『日本経済研究センター会報』1969年10月号
フリードマン、ミルトン[1971]「２年内に円中心に危機 フリードマン教授」『読売新聞』朝刊、1971年5月22日
フリードマン、ミルトン[1974]「最適通貨供給率と日本経済」『週刊東洋経済』1974年2月8日号
フリードマン、ミルトン[1975]『フリードマン教授を囲んで ミルトン・フリードマン教授講演』日本経済調査協議会
フリードマン、ミルトン[1981]『フリードマンの日本診断』講談社
フリードマン、ミルトン[1987]「日本人への警告（インタビュ

ー）」『潮』1987年9月号
フリードマン、ミルトン[1990]「「バブル経済大国」ニッポンへの警告（インタビュー＝角間隆）」『潮』1990年12月号
フリードマン、ミルトン[1993]「日本の読者へ」ミルトン・フリードマン『貨幣の悪戯』斎藤精一郎訳、三田出版会
フリードマン、ミルトン[1994]「世界の機会拡大について語ろう（インタビュー）」『Global Business』1994年1月1日号
フリードマン、ミルトン[1998]「通貨供給大幅に増やせ ノーベル経済学賞・フリードマン氏が日本経済に処方箋」『読売新聞』朝刊、1998年9月11日
フリードマン、ミルトン[2002]「世界新秩序を求めて——碩学に聞く（1）ミルトン・フリードマン氏 テロショックは一時的なもの 不況脱出へ日銀は通貨供給量の増大を」聞き手＝花淵敏、『日経ビジネス』2002年1月14日号
フリードマン、ミルトン[2003]「米経済デフレありえず」『日本経済新聞』朝刊、2003年1月15日
フリードマン、ミルトン、大来佐武郎[1963]「日本経済はインフレへの道（対談）＝大来佐武郎」『日本経済研究センター会報』1963年7月号
フリードマン、ミルトン、ジェームズ・トービン[1966]「対談・日本経済の診断」『日本経済研究センター会報』1966年5月号
フリードマン、ミルトン、西山千明[1993]「〈対談＝西山千明〉世界同時不況の真犯人」『諸君』1993年4月号
フリードマン、ミルトン、ローズ・フリードマン[2002]「文庫版への著者はしがき」ミルトン・フリードマン、ローズ・フリードマン『選択の自由』西山千明訳、日本経済新聞社
フリードマン、ローズ・D.[1981]『ミルトン・フリードマン—わが友、わが夫』鶴岡厚生訳、東洋経済新報社
星岳雄、カシャップ、アニル・K.[2013]『何が日本の経済成長を止めたのか 再生への処方箋』日本経済新聞出版社
マクレー、ノーマン[1967]『日本は昇った 日本経済七つのカギ エコノミスト特集』河村厚訳、竹内書店
松下康雄[1997]「金融政策運営の新しい枠組みについて 平成9年6月27日・読売国際経済懇話会における日本銀行総裁講演」日本銀行

三重野康[1993]「最近の金融経済情勢――三重野総裁講演――平成5年11月10日、共同通信社主催「きさらぎ会」にて」『日本銀行月報』1993年12月号

三重野康[1994]「最近の内外の金融情勢――三重野総裁講演、平成6年2月22日、経済倶楽部にて」『日本銀行月報』1994年3月号

宮川重義[2014]「Milton Friedman and Anna Jacobson Schwartz, A Monetary History of the United States, 1867-1960, から今学ぶこと。: 同書出版50周年を記念して」『京都学園大学経済学部論集』第23巻第2号

三輪芳朗、J・マーク・ラムザイヤー[2007]『経済学の使い方 実証的日本経済論入門』日本評論社

村上尚己[2017]「金融緩和政策が財政赤字を招くのか」原田泰、片岡剛士、吉松崇編『アベノミクスは進化する』中央経済社

藻谷浩介ほか[2013]『金融緩和の罠』集英社.

山口泰[1999]「金融政策と構造政策：日本の経験」日本銀行 1999年10月8日

吉野俊彦ほか編[1962、1966]『経済成長と物価問題』春秋社、1962年（増補版、春秋社、1966年）

吉野俊彦[1975]「物価問題の本質を探る都留経済学」都留重人『経済政策:安定と成長』講談社

吉野俊彦[2001]『これがデフレだ! 歴史に学ぶ知恵』日本経済新聞社

吉野正和[2009]『フリードマンの貨幣数量説』学文社

ラジャン、ラグラム[2011]『フォールト・ラインズ「大断層」が金融危機を再び招く』伏見威蕃、月沢李歌子訳、新潮社

リンカーン、エドワード[2004]『それでも日本は変われない:構造改革・規制緩和の掛け声の裏で』伊藤規子訳、日本評論社

若田部昌澄[2005]「嫌われたマネタリストとインフレ・ターゲティング」若田部昌澄『改革の経済学 回復をもたらす経済政策の条件』ダイヤモンド社

若田部昌澄[2012]「歴史としてのミルトン・フリードマン――文献展望と現代的評価――」『経済学史研究』第54 巻第1号